AF234024

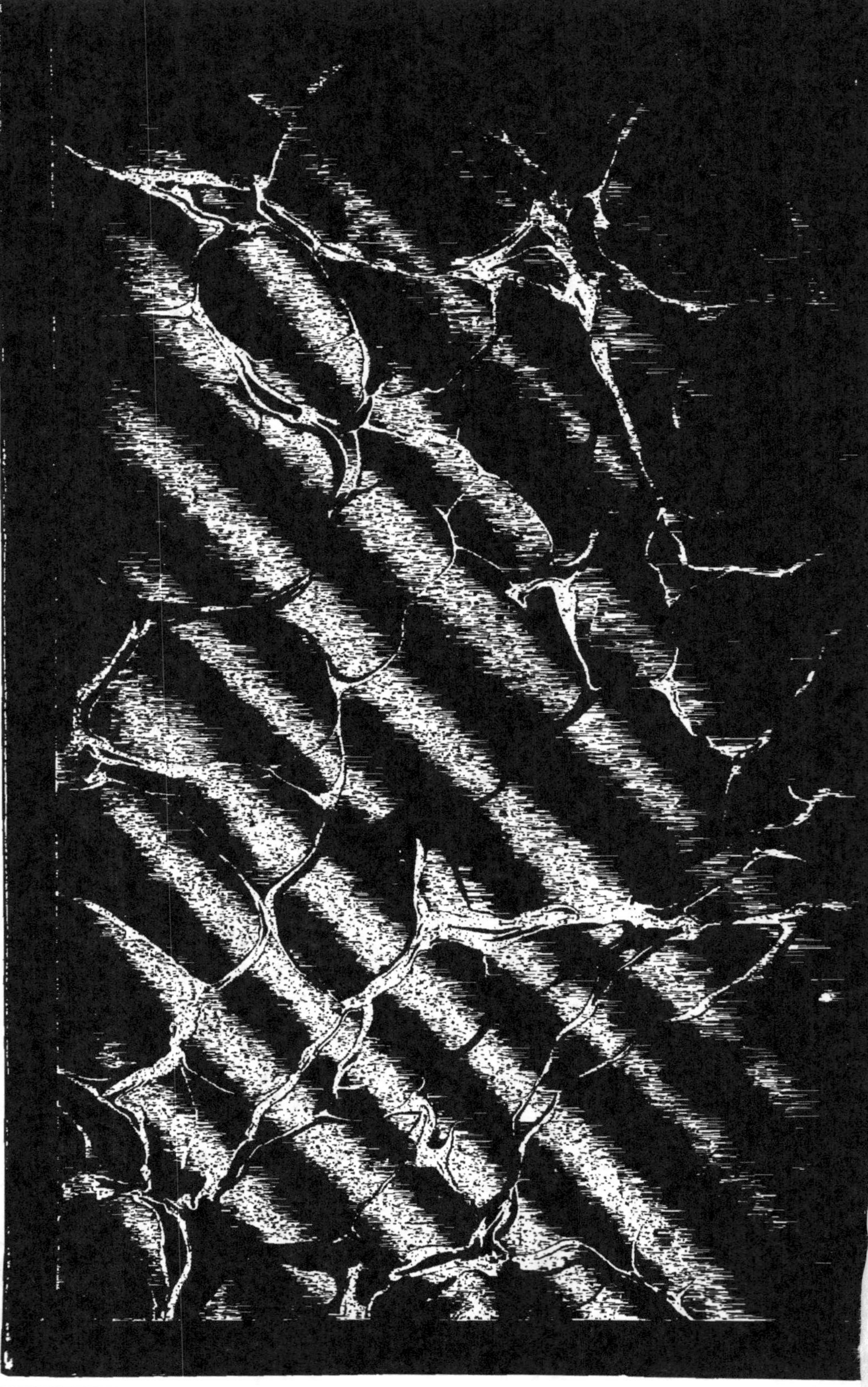

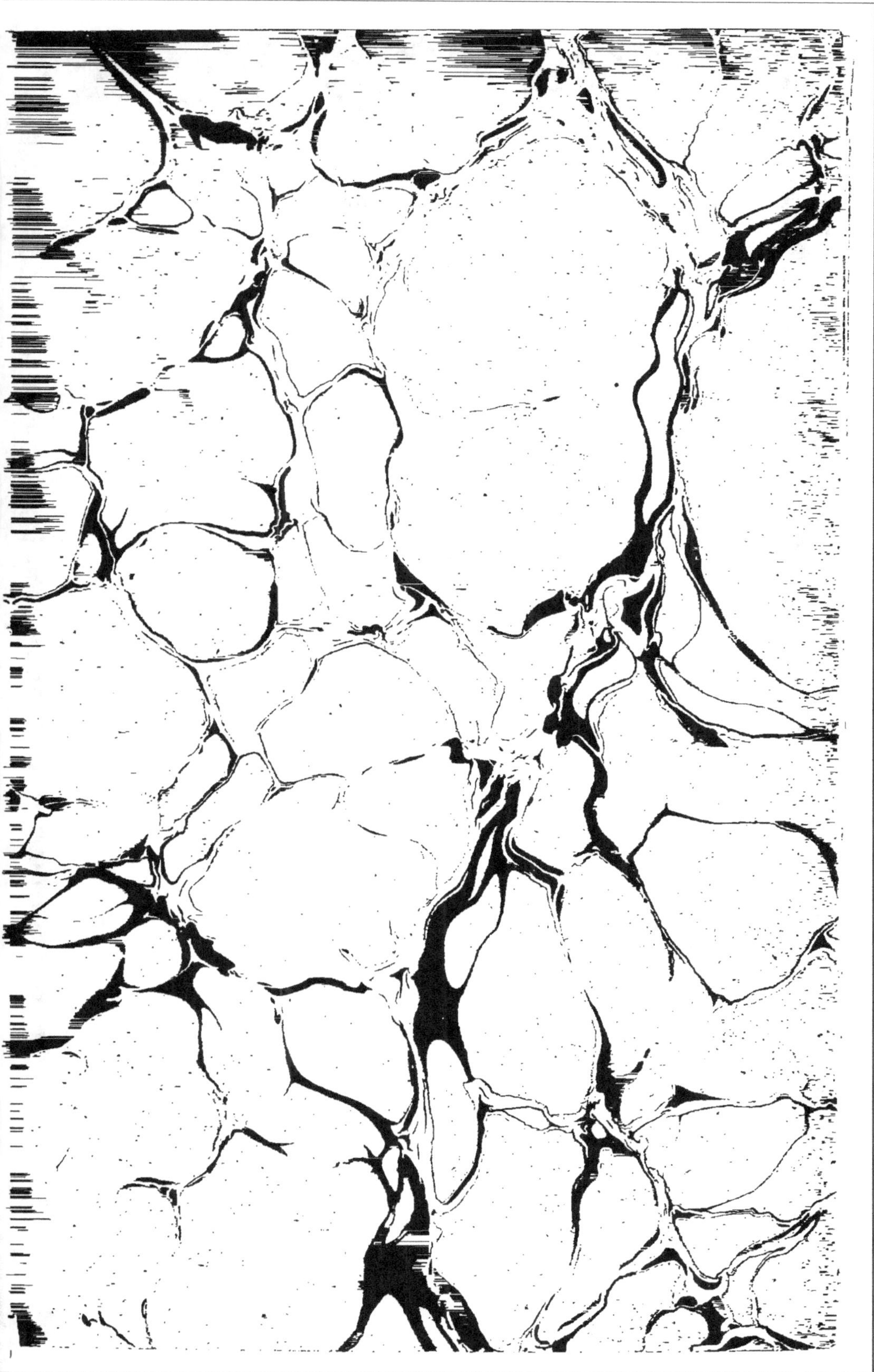

LA
MÈRE ANGÉLIQUE

ABBESSE DE PORT-ROYAL

D'APRÈS SA CORRESPONDANCE

PAR

GUILLAUME DALL

PARIS

LIBRAIRIE ACADÉMIQUE DIDIER

PERRIN ET Cⁱᵉ, LIBRAIRES-ÉDITEURS

35, QUAI DES GRANDS-AUGUSTINS, 35

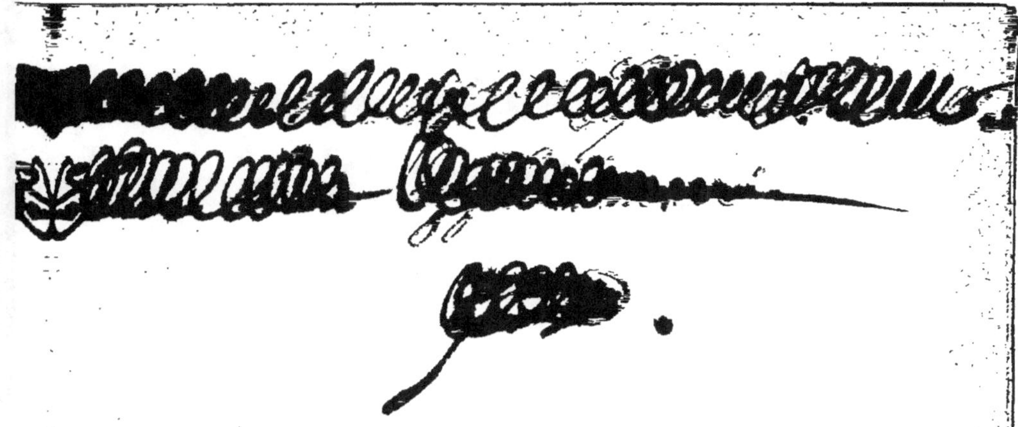

LA MÈRE ANGÉLIQUE

LA
MÈRE ANGÉLIQUE

ABBESSE DE PORT-ROYAL

D'APRÈS

SA CORRESPONDANCE

PAR

GUILLAUME DALL

PARIS

LIBRAIRIE ACADÉMIQUE DIDIER

PERRIN ET Cⁱᵉ, LIBRAIRES-ÉDITEURS

35, QUAI DES GRANDS-AUGUSTINS, 35

1893

AVANT-PROPOS

Il y aurait quelque témérité à traiter après Sainte-Beuve le sujet de la Mère Angélique, il ne saurait y en avoir à la faire parler elle-même, c'est-à-dire à chercher l'expression de sa pensée dans sa correspondance. Trois volumes de lettres conservées à la Bibliothè-que Nationale [1] en apprennent plus, dans leur vieux français, sur les vertus et le caractère de l'illustre Abbesse, que d'éloquents commentaires. Il suffit pour admirer de lire

1. Lettres de la Mère Angélique Arnauld, 3 vol. Utrecht, 1742-1744.

les écrits, mais il n'est point inutile, afin de comprendre leur portée, de rappeler l'époque où ils furent rédigés et les circonstances qui les dictèrent. Sainte-Beuve, entraîné par l'ampleur de son étude, n'a pu aborder les détails de la vie de la Réformatrice ; ils sont intéressants et fort ignorés.

Combien, parmi la jeune génération, savent même le nom de la Mère Angélique ? Le ferment Janséniste qui se trouve au fond de bien des âmes existe à l'état indéfinissable, à coup sûr, inconscient. L'histoire de Port-Royal se perd dans la nuit des temps ; ses adeptes semblent à la masse du public contemporains des disciples d'Arius : Janséniste, ce titre n'équivaut-il point à celui de Manichéen? S'il est heureux que la querelle soit éteinte il serait injuste d'oublier les vertus. En tant que servantes du Seigneur, les religieuses de Port-Royal furent admirables, la Mère Angélique eut la gloire de façonner

cette pieuse et vaillante légion. Sa vaste intelligence sut embrasser les côtés multiples
d'une Réforme qui s'étendit du cloître au
monde ; deux facultés secondèrent merveil-
leusement sa nature ardente : le bon sens et
l'esprit ; elle sut être sermonneuse et éviter
l'ennui, une ironie fine perce à travers les
lignes, sa pointe de brusquerie n'est point
pour déplaire. Ses correspondantes étaient
pourtant de qualité, non seulement parce
qu'elles appartenaient à la plus haute noblesse, mais en raison de leur culture intel-
lectuelle ; la reine de Pologne était sœur de
la célèbre princesse Palatine ; la duchesse
de Longueville inspirait La Rochefoucauld ;
la princesse de Guéméné tenait bureau d'esprit et, à son heure, la marquise de Sablé
écrivit ses Maximes.

Angélique Arnauld, fille de robin, donna
avec un égal à propos la riposte à la souveraine,
à l'héroïne de la Fronde, aux familières de

l'hôtel de Rambouillet ; elle pondéra l'incohérence de leurs sentiments, elle les dompta, celles-ci et beaucoup d'autres, peut-être, parce qu'elle avait appris sur elle-même l'art de vaincre en dominant ses propres fougues, mais elle le fit avec une grâce toute française ; ne s'appellerait-elle point la grande Angélique, elle mériterait le surnom de spirituelle abbesse. Si les courts extraits rassemblés ici donnent envie de lire ses Lettres, chacun est assuré d'y puiser une agréable et salutaire leçon.

G. D.

LA MÈRE ANGÉLIQUE

CHAPITRE PREMIER

Enfance de Jacqueline Arnauld. — Pourquoi son nom fut
changé en celui d'Angélique. — Ses doutes et ses scrupules. — Sa lutte avec son père.

Quand la belle Guémené, lasse d'amour, descendait les pentes de Port-Royal ou que Made-
moiselle [1], de loisir à Gif, donnait ordre à son
cocher de toucher vers le monastère autour
duquel se menait tant de bruit à la cour, la
princesse, mêlée aux intrigues religieuses, pas
plus que la nièce du roi, confessant ingénue-
ment « que sa curiosité procédait de ce qu'elle
ne croyait rien voir dans cette maison de

1. Duchesse de Montpensier, nièce de Louis XIII, fille de
Gaston d'Orléans, née en 1627, morte en 1693.

ce qu'elle avait vu dans les autres » n'avait conscience de la supériorité de celle qui les allait accueillir sur le seuil.

Mère en Israël, l'ont appelée ses contemporains, la grande Angélique, ainsi l'histoire nous a-t-elle apporté son nom.

Enfant d'une maturité précoce, rêvant réforme à l'âge des poupées, abbesse incomparable au sortir de l'adolescence, dans sa vieillesse modèle de la simple religieuse après avoir illustré le commandement, en ces trois périodes son image se détache vigoureuse, non seulement sur les silhouettes veules et falotes des nobles dames qui la venaient visiter en sa retraite, mais sur les figures austères de ses compagnes, qui étaient des Anges, — des Ermites ses frères, des Maîtres.

Tel le crucifix rouge raye le scapulaire blanc.

Un mot donne la mesure de cette âme, elle fut la plus haute d'une phalange où les femmes surpassèrent les hommes; ces hommes n'étaient autres qu'Arnauld, Le Maître, Pascal.

Eut-il donc vision de l'avenir le vieil avocat

général Marion, briguant du roi Henri IV les brevets d'abbesse au profit de ses petites-filles Jacqueline et Jeanne Arnauld? Sa perspicacité de magistrat fut-elle mise en éveil par les réparties des bambines, toquant à la porte de son cabinet :

« Grand-père, je veux bien être religieuse, puisque vous le voulez, mais à condition d'être abbesse, disait Jacqueline, l'aînée.

« Et moi, murmurait la cadette, je ne veux point, parce que j'ai ouï dire que les abbesses rendent compte des âmes des religieuses; j'ai assez de la mienne. »

A quoi sa sœur ripostait :

« Si, si, je veux bien , moi; je saurai leur faire faire leur devoir. »

M. Marion obéissait simplement à l'influence de son temps. La grâce, cette grâce efficiente, pour laquelle devaient si rudement combattre les deux futures abbesses, inspirait médiocrement l'arbitre de leurs destinées.

Ce qu'il savait, c'est que dix enfants sont

difficiles à caser : il en parlait sciemment, lui qui en avait eu vingt.

De la pétulante autorité qui lui faisait naguère enlever de vive force dans sa voiture et improviser son gendre, après une plaidoirie à son gré, l'avocat Arnauld, il bombarda abbesses, — à peine débarrassées de leurs langes, — ses petites-filles, inconscient en cela de sa responsabilité autant que leur propre père. Bénéfices et prébendes alléchaient ; point d'autre secret à cette dévotion. Rien ne déconcertait les rapaces, l'intégrité transigeait avec les moyens illicites. On rougit des viles supercheries, des entorses à la vérité, multipliées par Arnauld, l'homme honnête, afin de consommer son crime de lèse-paternité.

Mérite-t-il un titre différent l'abus de pouvoir qui lui fit river la chaîne de deux créatures innocentes, profanant en elles, du même coup, la religion et la liberté ?

L'usage l'absolvait. L'enfance eût été la sauvegarde de Jacqueline et de Jeanne. On tricha sur la date de leur naissance. Le roi avait d'autres soins que de vérifier l'âge de ses sujettes ;

la cour de Rome était peu regardante ; l'eût-
elle été, comment démêler le vrai du faux dans
un fatras d'arguments renforcé de grec et
de latin ?

Les bulles s'annoncèrent. L'antiquité inter-
vint maintes fois, si elle envoya ses héros à
la rescousse du père, chaque fois qu'il usa de
stratagème dans la direction des nouvelles
abbesses.

Il fallut d'abord les jeter dans le moule qui
devait les façonner à sa taille. Saint-Antoine-
des-Champs, choisi pour Jacqueline, la reçut
en 1599. Elle avait huit ans.

Le 2 septembre, M. de la Croix, abbé de
Cîteaux, lui remettait solennellement l'habit de
Saint-Benoît.

Nulle révolte, ce jour-là, chez Jacqueline ;
seulement l'allégresse de la vanité satisfaite.
L'assistance n'avait d'yeux que pour elle et la
cérémonie ne dura pas trop longtemps.

Les carrosses attendaient les invités. M. Arnauld, en l'honneur de la fête, traitait nom-
breuse compagnie.

Ce repas divertit fort la jeune abbesse et doubla ses regrets quand il fallut, deux ou trois jours après, réintégrer le couvent.

Sa gentillesse fit les délices des religieuses, six semaines durant ; puis on la conduisit à Saint-Cyr, près de sa sœur Jeanne.

« Je n'ai que faire de toi dans mon abbaye ! » lui répétait cette cadette irrévérencieuse, qui savait ses six ans à la veille d'être investis de la charge du couvent où elle résidait.

En effet, le jour de la Saint-Jean, elle recevait l'habit sous le nom de Marie-Agnès.

Le lendemain, Jacqueline était emmenée à Maubuisson.

Lieu d'éducation judicieusement trouvé, convenons-en !

Mme d'Estrées, sœur de la belle Gabrielle, le dirigeait de façon à tenir rang à part dans les fastes de la galanterie.

La fanfaisie du roi Vert Galant, insouciant des droits de la titulaire, mais désireux d'établir à proximité sa favorite, lui avait octroyé cette grasse sinécure.

Les jours y coulaient joyeux, la petite Arnauld put s'y rassurer sur les rigueurs du cloître ; le dévergondage s'inculquait par l'exemple. A l'égard d'Angélique, ces pernicieuses leçons restèrent à l'état de théorie ; un travail mystérieux absorba son cerveau prématurément développé.

Au mois d'octobre de la même année, nous retrouvons au pied des autels la novice, non plus exultante d'orgueil devant l'ordonnance de la cérémonie combinée en son honneur, glorieuse de la file d'équipages stationnant à la porte et du festin qui se préparait à la demeure familiale, mais émue, palpitante sous le voile qu'attachait à son front l'abbé de La Charité. Confirmée dans son titre — du moins se plaisait-on à le dire — la vêture la consacrait. Elle avait neuf ans.

Quel était donc ce monastère vers lequel l'entraînait la destinée ?

Port-Royal était son nom.

Perdu au fond d'un vallon solitaire, des bois, étagés sur les croupes des collines qui l'enserrent, s'enchevêtraient tellement qu'à peine se percevait, au ras des prairies, une eau verdâtre : l'étang d'où s'exhalait la fièvre perpétuelle.

En quittant la plaine qui sépare de Versailles, le voyageur devait se courber, s'il voulait apercevoir le clocher de l'église.

Dame Mathilde de Garlande fondant ce couvent, d'après le vœu de son époux partant pour la Terre-Sainte, se souciait faiblement du retour du paladin, à en juger par l'emplacement : le site semblait inhabitable, l'air était pestilentiel.

Pendant trois siècles, des nonnes y végétèrent, jusqu'à Anne Boulehart. La situation importante de M. Arnauld, jointe à l'affaiblissement intellectuel, où vingt-six années d'isolement avaient réduit Mme l'abbesse, furent les causes déterminantes de sa facilité à accepter Jacqueline Arnauld pour coadjutrice, sans vérifier l'accomplissement des formalités préalables.

Malgré son dédain de la légalité, le sens de la possession demeurait très vif chez la vieille

abbesse. Contrainte de reconnaître une héritière, elle refusa de la tolérer en sa présence.
Ceci explique le stage à Maubuisson. Étape
dans la vie, la vie morale surtout; la rectitude
du jugement, base de la grandeur de la future
Mère de l'Église, s'y fit jour. A l'instant de sa
profession, proche son siège, les personnes
graves chuchotaient :

« Quelle comédie ridicule, cette enfant ne
sait ce qu'elle fait, ni à quoi elle s'engage. »
Les religieuses ricanaient en l'entendant prononcer les trois vœux fondamentaux ; elles savaient à quoi s'en tenir sur leur irrévocabi-
lité !

Sarcasmes et rires étouffés s'entrecroisaient;
les uns et les autres tombaient à faux ; la novice, debout au milieu du chœur, savait ce
qu'elle faisait.

Un trouble inexprimable l'agitait: elle avait
l'intuition de l'irrégularité de l'acte qu'on la
forçait à commettre, l'épouvante des choses
qu'elle promettait. Mentalement, elle opposait
des restrictions ; en s'efforçant de se reprendre,

son serment liait sa maturité ; elle jurait obéissance, pauvreté, chasteté.

Les natures comme la sienne ignorent l'art de se dédire.

Dans cette seconde phase perce chez la catéchumène la candeur de la fillette, s'agenouillant dans le jardin de son père à l'époque de sa première confession et criant à intelligible voix ses péchés.

En la disposant à cet acte on lui avait recommandé de ne céler aucune faute au Seigneur : sa sincérité ne concevait d'autre barrière entre elle et Dieu que la voûte céleste.

Cette franchise doubla la rigueur de l'épreuve ; une comédie dévotieuse, aisée à jouer dans un cloître plein d'accommodements, devenait impossible. Souffrir ou se révolter, là, se réduisait le dilemme ; n'eussent été le père et l'aïeul, l'option se serait faite à bref délai. Quelle tempête elle aurait déchaînée ! Dans les familles patriarcales la puissance paternelle conservait son prestige ; les ordres ne se discutaient guère, le courroux ne s'affron-

tait jamais. La société considérait ce respect
comme une de ses assises; y porter atteinte
semblait sacrilège.

On se rend compte qu'Arnauld, perdant le
fruit de ses arguties, mensonges, duplicités,
eût poussé le cri d'alarme contre la récalcitrante.
L'édifice social se trouvait reposé sur ses épaules — des épaules de onze ans.

Le fardeau les fit plier; on aurait mauvaise
grâce à s'en étonner. Ajoutons que l'affection
tenait large place dans les mobiles dirigeants;
de même qu'Arnauld croyait agir au mieux
des intérêts de sa fille, Jacqueline éprouvait
pour son père une grande amitié; la peur de
le contrister lui causait un invincible émoi,
elle redoutait sa douleur; la colère qu'il aurait
pu témoigner venait à l'arrière-plan.

Reléguées dans le domaine du sentiment,
les velléités d'indépendance s'émoussèrent; la
capitulation devait s'ensuivre, c'est ce qui se
produisit. Un rôle passif fut le sien; une sorte
de torpeur remplaça l'état fébrile; près de
dix-huit mois se passèrent dans cette quié-

tude factice qui confinait la somnolence.

Vers juillet 1602, Arnauld, très effaré, rompit la léthargie; il était porteur d'une grosse nouvelle : Jeanne Boulehart se mourait.

Persistant, à l'article de la mort, dans l'entêtement de sa vie, elle maintenait sa coadjutrice à l'écart; violenter la moribonde risquait, dans l'hypothèse d'une guérison, de provoquer la rupture; ne point recueillir immédiatement l'héritage laissait à de nouvelles compétitions la liberté de surgir. Les bulles annoncées restaient longtemps en chemin ; en réalité, la cour de Rome refusait de sanctionner l'illégalité.

Quel fâcheux contretemps ! le père de famille se montrait fort perplexe ce soir d'été.

L'avidité l'emporta sur la prudence; il emmena sa fille, mais eut soin de la loger au monastère de Saint-Cyr et se présenta seul à Port-Royal. Son mandat de conseiller de l'abbaye lui ouvrait les portes.

Dame Boulehart ne le fit point languir. A peine eut-elle rendu l'âme qu'on envoyait qué-

rir Jacqueline; ses départs s'effectuaient avec
une telle précipitation qu'une fois intronisée
la courtoisie l'obligea de retourner à Maubuisson prendre congé de ses hôtesses.

Leur pitié l'accompagna dans son désert,
où de lugubres perspectives s'entr'ouvraient.

Comparées aux nonnes galantes d'une abbaye
d'opérette, les trois imbéciles, la sourde-muette,
les vieilles professes qui composaient la communauté de Port-Royal faisaient triste mine,
mais cette infériorité les tourmentait peu.

Percluses de rhumatismes, recluses faute de
jambes, leur atrophie était complète. Exceptons-
en la notion de leurs devoirs envers M. Arnauld;
ses libéralités ne dispensaient-elles pas le bien-
être? Génuflexions et salamalecs lui étaient
prodigués; avec la courbette finale, l'atonie
reprenait.

Enfermée dans ces nimbes, Jacqueline erra
solitaire, personne ne la molestait, oncques
ne s'occupait d'elle.

Un brave homme de savetier, qu'elle se distrayait à voir tirer l'alène, avait en poche un

livre de prières; il le lui proposa; à ce hasard elle dut d'apporter, trois mois après, des bribes de connaissances religieuses à sa première communion.

La cérémonie était double; ce même jour M. de Citeaux revint la bénir et lui conférer son nom de religieuse : Angélique.

Désormais elle n'était plus dignitaire in partibus, mais Abbesse de Port-Royal.

Jacqueline s'effaçait.

Pour la gloire de l'Église, l'immortelle Angélique naissait; une légion immaculée aurait dû lui servir de cortège, une main sans tache la conduire au siège abbatial.

De près ni de loin la réalité ne touchait au rêve : sa consécration violait les lois pontificales, M. de Citeaux méritait sa piètre réputation, les assistantes, Mmes d'Estrées, des Portes et de Carnazette, rivalisaient de légèreté.

Jamais vie d'édification magnifique ne débuta sous de plus détestables auspices.

Dieu merci! la fâcheuse compagnie ne séjourna guère : Port-Royal retomba sous l'administration de la Prieure, Mme du Pont.

D'humeur pacifique, cette vénérable personne aimait le calme et le savait faire régner ; quant à diriger une âme, c'eût été trop lui demander.

Angélique fut laissée à ses inquiétudes qu'aggravaient un invincible ennui : comment se distraire dans ce vallon désolé ? cela pouvait se taxer de problème insoluble ; elle s'appliqua à le résoudre.

Les verroux et les grilles se franchissent ; la clôture était inconnue, la règle absente, le mauvais moinillon, qui remplissait l'office de chapelain, aurait eu maille à partir avec ses propres agissements s'il se fût avisé de morigéner ; chacun en usait à sa guise : des visites, telle fut la solution trouvée par Angélique.

Un antique véhicule oublié par les rats moisissait dans la remise ; on y attela deux haridelles et l'équipage, grimpant tant bien que mal la colline, gagnait en grinchant les abords de Versailles et de Saint-Cyr.

Agnès recevait son aînée et on jouait à trois, Anne-Eugénie, leur sœur, faisant son éducation à Saint-Cyr.

Des nuages survenaient. Agnès, qu'animait un zèle pieux, reprochait à Angélique sa négligence à réciter l'office :

« Cela convient aux religieuses, objectait Mme l'Abbesse, je ne le suis pas, ne le veux point être. Serait-ce mon intention, je me conformerais au règlement et débuterais par me faire converse. »

Vite, la dévote Agnès se taisait de peur de pousser la rebelle à l'insurrection ; n'empêche que celle-ci, vexée de l'observation, dirigeait sa promenade, les jours suivants, tantôt vers Buloyer, tantôt vers le Mesnil. Cahin caha, le vieux carrosse s'en allait par monts et par vaux ; tant et si bien les gravit-il, de par le bon plaisir de Mme de Port-Royal, que la sollicitude de Mme Arnauld s'éveilla.

Blâmant l'abandon dans lequel grandissait sa fille, elle plaça à ses côtés une religieuse de Saint-Cyr : Mme de Jumeauville. L'intention était juste, l'instrument fut mal approprié ; la mésintelligence sépara la gouvernante et l'élève ; tracasseries d'une part, taquineries de l'autre, l'antipathie était mutuelle, l'hostilité permanente.

Mme de Jumeauville, ennemie des veillées, proscrivait-elle à la converse, attachée à son service, l'usage de la bougie ? prestement, Angélique octroyait de la chandelle. Le délice d'une niche à une surveillante incommode trouvait son appoint, mais la bonté inspirait bien davantage la jeune Abbesse ; exemple, lorsqu'elle dévorait du pain bis afin de réserver sa portion de pain blanc à la même servante.

En dépit de ses instincts espionneurs, Mme de Jumeauville ne voyait rien ; Mme Arnauld, soupçonnant son incapacité, arrivait fréquemment à l'improviste, jamais elle ne surprit chez sa fille quoi que ce fût de nature à l'alarmer.

La paisible Catherine Dupont administrait à la satisfaction générale. Est-ce à prétendre qu'il n'y eut point à critiquer ? la première manifestation d'Angélique répond.

Vaguant au clair de la lune, autour de la chapelle, elle remarqua que des sacristaines se promenaient indéfiniment avec un religieux dans l'enclos attenant ; irritée elle donna un tour de clef à la porte et monta la garde.

La conférence terminée, on juge de l'effroi des Filles, se trouvant cadenassées, de leur honte en voyant leur faute constatée par une enfant de douze ans ! Mme l'Abbesse s'affirmait. Les réminiscences de Maubuisson lui donnaient des yeux d'Argus ; elle ne permit aux coupables de s'enfuir qu'après une rude semonce. L'aversion qu'elle voua aux moines date probablement de cet épisode ; eux seuls fournissaient les prédicateurs ; outre les religieux attitrés, une multitude voyageaient de monastères en monastères. À cette catégorie appartenait un certain père Basile, lequel, en échange d'aumônes, gratifiait Port-Royal de ses homélies ; désireux d'associer un compagnon à son aubaine il présenta un capucin capucinant comme lui, le père Bernard. Sa parole captiva Angélique, qui suggéra à Mme la Prieure de lui demander de revenir à l'occasion de l'Assomption. Elle entendit son allocution le jour de cette fête, mais pour l'écouter elle dut faire exprès le trajet de son abbaye : depuis plusieurs semaines, Arnauld l'avait reprise ¡sous son toit.

La santé de la jeune Abbesse déclinait, la chaîne écrasait sa frêle adolescence, la vocation imposée restait lettre morte ; en sens inverse le dépit croissait ; les jeux du début l'obsédaient, les visites devenaient importunes.

Le malaise, procédant des sources vives, minait la constitution, la fièvre-quarte le traduisit. Sitôt après l'Assomption, Arnauld ramena sa fille, non à Paris, mais à Andilly ; il tablait sur la vie de famille afin d'opérer une diversion. Erreur. La proximité du monde redoubla l'horreur de la claustration, les conseils des tantes huguenotes fortifièrent la résistance, la révolte gronda, dévastant la jeune fille autant que la maladie.

Mme Le Maître, l'aînée des demoiselles Arnauld, dont le commerce ravissait autrefois

Angélique, perdit ses tendres efforts, la morbidesse subsista.

A l'approche de Noël, Mme Arnauld, désespérant d'une amélioration, se décida à rendre l'Abbesse à son abbaye et lui adjoignit une compagne en la personne de sa sœur Anne-Eugénie, âgée de huit ans.

Si tel eût été le remède, la cure aurait été assurée : une amie autrement chère élisait domicile à Port-Royal : Agnès désertait Saint-Cyr.

Cette concession avait été arrachée à Arnauld par des Capucins séjournant à Saint-Cyr et scandalisés de voir une laïque, Mme Le Tyreux, près de Mme l'abbesse. Il y a gros à parier que celle-ci s'ingénia peu à calmer les scrupules des religieux : elle délirait de joindre sa sœur.

Le transbordement s'effectua : Mme de Saint-Cyr put épancher son cœur dans celui de Mme de Port-Royal.

Le même étau les enserrait : l'angoisse du cloître.

La première avait la nostalgie du monde, la seconde la tristesse de l'autel ; l'expression

différait, parce que leurs natures étaient dissem-
blables, mais la dévotieuse langueur d'Agnès
équivalait aux frémissantes mélancolies d'Angélique, l'une s'insurgeait contre la religion
qui se payait de mômeries, l'autre se troublait
au milieu de ses examens mystiques. Si les
abus éloignaient du couvent la sœur aînée, la
sœur cadette se complaisait à la pompe de son
rang. La crosse d'or était tenue haute par ses
doigts fluets; d'un port de reine, elle savait recevoir l'obédience des religieuses; elle aimait,
à l'ombre du sanctuaire, glisser dans son sur-
plis à petits plis, vanité réprouvée par Angélique, qui n'acceptait que le drap grossier des
novices Bénédictines.

La bure seyait à ses aspirations, tournées
vers un but précis : l'observance de la règle,
de cette règle tombée en désuétude.

Dès lors que la vie claustrale étreignait, s'y
soumettre rigidement.

Des visions d'austérité hantaient ses nuits,
ses pieds enfantins aspiraient à secouer la poussière du passé ; assoiffée d'aide, l'ouvrière de la

dernière heure cherchait un appui près des ouvriers de la première.

Le père Basile l'attirait ; un sermon sur
l'Incarnation répondit à certaines tendances,
mais une connaissance approfondie démontra
son incapacité ; le père Bernard usurpa sa
place.

Dans cette recherche une préoccupation do-
minait : le besoin de se dépouiller, de mettre
en commun ce qu'on possédait ; ce sujet absorbait
les entretiens avec le père Bernard. Du dépouil-
lement volontaire à la macération, la distance
se parcourt d'un trait ; la jeune Abbesse s'enfonça dans des mortifications qui lui procurèrent l'âpre délice de combattre des remords
imaginaires. Non contente d'abhorrer le couvent,
elle attribuait ses rébellions à son manque
d'humilité.

Tandis que, dolente et misérable, elle faisait
gai visage, déployant autant de douceur obéis-
sante envers Mme la Prieure que d'avenante
simplicité vis-à-vis des nonnes, elle se trappait
la poitrine et maudissait son orgueil.

Résolue à vaincre l'esprit méchant, elle se relevait le soir et, blottie au fond du grenier, élevait ses prières vers Dieu.

Une religieuse, Mme de La Grange, surprit son secret, mais elle eut la pudeur de le respecter.

Malgré les invocations, le mal empirait ; il devint insupportable. Y avait-il moyen de l'enrayer? Peut-être, en abdiquant une dignité usurpée, en s'abritant sous le giron de Notre Sainte Mère l'Église, c'est-à-dire, fallait-il, rentrant dans le droit commun, se réfugier au sein d'un Ordre soumis à la règle et obscure converse, mériter la grâce de porter l'habit de postulante? Feuillantines et Capucines se seraient présentées aux hésitations d'Angélique si l'image révérée de François de Sales n'eût attiré ses vues vers les Filles de Marie.

Un billet, rédigé à l'avance et posé sur l'autel, annoncerait son départ et désignerait au choix de la Communauté deux personnes pour la remplacer.

Restait à décider le moyen de se sauver : fut-il long à trouver, impossible à exécuter ? le temps marcha. Par une contradiction flagrante, elle ne songeait qu'au plan de réformé de cette abbaye qu'elle voulait fuir ; son zèle de néophyte l'entraînait à l'extrême, il visait, outre la partie matérielle, où tout était à refaire, le relèvement moral ; à ses Filles somnolentes elle rêvait d'imposer l'oraison mentale, en place du petit office de Notre-Dame qui se marmottait sans que la pensée suivît le son de la voix. Le résultat le plus difficile la passionnait : contraindre des intelligences bornées à la méditation. Le père Bernard, auquel elle ne laissait ni repos ni trêve, écrivit à l'abbé de Maurimont, vicaire de Cîteaux : il espérait qu'une concession calmerait la bouillante ardeur de Mme l'Abbesse.

L'abbé, effrayé à la perspective d'une modification quelconque, prévint Arnauld qui se fâcha. Certes, il prisait les abbayes, procédé commode pour se débarrasser des filles, mais il exécrait les réformes ; tout était pour le mieux dans le meilleur des couvents ; il ferait beau voir qu'une gamine s'avisât de régenter.

Ainsi parla-t-il et, si net, qu'il crût en avoir fini avec cette lubie.

Le mutisme accueillant sa réprimande, rien ne l'empêcha de supposer l'obéissance. Le silence, pourtant, n'était que de la politique et dissimulait une ébauche d'exécution.

Secondée par Sœur Catherine de Saint-Paul de Goulas, Angélique s'efforçait d'accorder ses actes avec ses principes. Les alliées, dont la première, vieille de onze ans, avait reçu gravement le vœu de sa compagne âgée de dix-sept, se concertèrent afin de tenter en leur particulier un essai de réforme.

Port-Royal était né.

Habiles à se soustraire aux investigations, pendant cinq mois les vaillantes anachorètes ne faillirent point à leur tâche; malheureusement, un ennemi, embusqué derrière les rives boueuses de l'étang, terrassa la plus intrépide; la fièvre quarte reprit Angélique. Au lieu de combattre des adversaires tels que les dépeignait l'histoire romaine, son héroïsme eut à traîner de l'abbaye chez son père l'infection des marécages.

Andilly la revit ; son impuissance à la soulager se manifesta de nouveau cependant la maladie était la seule parcelle du passé qu'elle y rapportât ; la jeune fille affolée de distractions mondaines avait disparu. Les conseils insidieux entreprirent une campagne inutile ; l'austérité bronzait sa volonté.

Les manchettes de toile s'enfouissaient près des bas, la laine égratignait la peau et même, pendant les heures de sommeil, ne se quittait jamais. Au bout d'un certain temps M. Arnauld surprit ces choses, et avec sa verdeur habituelle de langage s'en formalisa.

Les larmes lui répondirent, mais des larmes exemptes de repentir, des larmes qui ne regrettaient rien. Les invectives pleuvaient sur la coupable ; sa petite sœur Marie, souffrante et couchée à ses côtés, épeurée de cette scène, éclata en sanglots. Les pleurs de l'enfant malade n'adoucissant pas le père de famille, soudain Angélique se redressa et, vibrante, osa soutenir qu'à la douleur d'être engagée de force dans la vie religieuse l'équité défendait d'ajouter la défense de pratiquer la vertu.

Confus de cette semonce filiale, Arnauld réprima son dépit : suivant l'usage, il l'épancha sur le prochain. Les Capucins reçurent avis d'avoir à interrompre leurs prédications à Port-Royal ; suivant l'usage encore, se croyant malin, le justicier introduisit l'ennemi dans la place en envoyant, d'accord avec l'abbé de Maurimont, le père Vauclair.

Vers l'automne, Angélique, après avoir entrevu les portes du tombeau, rentra dans son abbaye, dévorée par la fièvre au retour comme au départ.

L'Avent ne tarda pas à amener le père Vauclair ; comprenant les visées de Mme l'Abbesse, ce soi disant modérateur, dépêché par M. le Vicaire de Citeaux, se révéla le guide attendu.

Grâce à ses démarches, la dame de Jumeauville fut rappelée à Saint-Cyr et déblaya ainsi le terrain d'un mentor vétilleux.

Livrée à des sollicitations puissantes, la Prieure s'engagea dans la voie nouvelle ; une à une les religieuses, moitié par conviction, moitié par pitié pour la santé chancelante d'Angélique, cédèrent à ses discours enflammés.

La réforme fut votée.

Restait à l'exécuter.

Les tiraillements abondèrent ; les tergiver- s ations succédèrent aux reprises cupides, le co- mique des affres correspondait à l'insignifiance des causes : il y eut d'inénarrables palinodies.

Planant au-dessus de ces misères, Mme de Port-Royal les idéalisait.

Après l'observance des rites de l'Église et le don des richesses, elle aborda une question autrement grave : la clôture.

Vauclair était un militant, il poussait à la roue avec une fougue inconsidérée; à vingt-sept ans, directeur d'une âme brûlant du même feu que la sienne, il oublia que sa mission était de la m odérer et il l'exaltait, sans prévoir les consé- quences.

Le début fut favorable; Angélique, transpor- tée d'aise de se sentir comprise, guérit radica- lement; les suites étaient plus aléatoires, il ne s'agissait de rien moins que de l'opposition de

M. Arnauld. Soupçonnant les menées de sa fille, il pressentait que les us et coutumes étaient menacés et aurait voulu enfermer Port-Royal dans ses anciens errements. Avant tout il redoutait la démission de Mme l'Abbesse ; mieux qu'elle il connaissait la validité de ses scrupules! Voir, à vau-l'eau, le résultat de sa diplomatie : non.

Les bulles avaient fini par arriver moyennant la substitution de Jacqueline en Angélique, ce qui avait permis d'inscrire la date fallacieuse de 1583 comme époque de sa naissance; toutefois la nullité les frappait si, dans un délai de six mois, Mme l'Abbesse ne faisait profession; il importait de négocier afin d'obtenir une prolongation. Cette affaire réclama une volumineuse correspondance avec la cour de Rome ; tandis qu'Arnauld se démenait à Paris, sa fille exploitait son absence : la clôture était promulguée.

Le frisson et les remords accompagnèrent cette résolution radicale, mais Vauclair prêchait le dédain des atermoiements. Son intolérance bouleversait Mme l'Abbesse; elle endurait le martyre et il l'accusait de lâcheté! Les flagellations, la cire brûlante répandue sur le corps furent des holocaustes offerts au Seigneur pour détourner la malédiction paternelle.

On suivit le carême de 1609 dans sa rigueur.

Mécontent de ces trames, dont les fils se tissaient journellement, Arnauld expédia son apothicaire Ste Beuve, dûment requis de médicamenter les jeûneuses.

Angélique, rompant l'abstinence, avala les œufs ordonnés par le pseudo-médecin; la raison était simple, ce mets lui causait une profonde répugnance; Arnauld, dans son empressement à soigner et à tarabuster sa fille, flattait son penchant à l'immolation.

Trompé par sa docilité, il supposa un retour à des idées meilleures. L'électricité longtemps accumulée préparait l'orage : il ne s'en doutait pas; à droite et à gauche la foudre tonnait, il n'entendit rien; la pusillanimité des siens avait entassé les voiles entre les éclairs et lui.

Agonisante de terreur, Angélique, tiraillée

entre le respect filial et le devoir brutalement
tracé par le Bernardin, suppliait le ciel de la
prendre en pitié.

N'était-elle point contre nature la loi qui lui
enjoignait de fermer à son père le seuil de son
abbaye? Voilà l'extrémité où menait le rétablis-
sement de la clôture.

Les religieuses répétaient :

« Il est impraticable d'étendre cette prohibi-
tion à M. Arnauld, pourquoi l'appliquer à d'autres ?

Ces défis aiguillonnaient Mme l'Abbesse. Leur-
rée du vain espoir d'amortir le choc, elle pria
sa jeune sœur Anne de toucher à leur père
quelques mots du sujet épineux ; la demoiselle
n'eut garde. Esclave d'une prudente timidité, elle
opta pour l'abstention, ce point initial des ca-
tastrophes qui les détermine toutes, au lieu
de les conjurer. Mme Arnauld, imparfaitement
informée, haussait les épaules.

Angélique, dans des transes indescriptibles,
voyait se rapprocher les vacances du Parlement.
Se leva, hélas ! le jour redoutable : vendredi

avant la Saint-Michel, 25 septembre 1609. Matines surprit Mme l'Abbesse en oraison : veillée
palpitante où son énergie se retrempait pour
la bataille décisive. M. Arnauld s'était annoncé
vers midi.

L'inquiétude dévorait le monastère.

Dès le soir précédent Angélique avait clos les
portes et retiré les clefs de la ceinture des
tourières ; elle appréhendait les défections en
face des responsabilités. Abandonnée, faible,
désarmée, elle attendait.

Moi et mon droit, aurait-elle dû s'écrier...
elle défaillait...

Et au loin s'entendait le tapage de la berline
amenant les hôtes, et les chevaux atteignaient
le portail cadenassé.

Arnauld, offusqué du manque d'empressement à ouvrir, cognait l'huis de sa canne à
pomme d'or.

Silence dans les cours.

L'impatient d'Andilly scandait les appels :
Mme Arnauld et Mme Le Maître échangeaient des

regards éplorés avec Anne, repentante de sa mollesse craintive.

Enfin, d'une voix éteinte, si basse qu'Arnauld, collé au guichet, la distinguait à peine, Angélique soupirait sa résolution.

O colère formidable ! O explosion furibonde !

Cris et menaces fendent l'air, semant le désarroi à travers le troupeau peureux caché à chaque coin du couvent.

Seule, absolument seule en présence de l'ennemi — de l'ennemi bien-aimé qui est son père — Angélique essaye de parlementer.

Elle est contre la grille..., mais cette grille est une insulte à la majesté paternelle.

« Qu'elle tombe ! »

« Jamais. »

Les imprécations redoublent, les anathèmes fouaillent ; le jeune d'Andilly vitupère ; sa violence se bourre de la faconde héréditaire. Les épithètes : monstre, assassin, parricide, sifflent comme des flèches ; Mme Arnauld, estimant de son devoir de s'élever au niveau de son fils et de son époux, profère le serment qui l'éloignera de la réprouvée.

Est-il un châtiment proportionné à l'affront qu'endure l'honneur de la famille Arnauld ?

Ces clameurs trouvent de l'écho ; des volontés chancelantes inclinent à la soumission, des murmures blâment la résistance ; escaladant les murs, les sympathies des religieuses vont au père ; à peine un groupe reste-t-il fidèle à Mme l'Abbesse.

Tout à coup, les accents tonitruants d'Arnauld réclament Agnès et Marie-Claire. Veut-il les entraîner hors d'un lieu de perdition ? Point : tacticien consommé, il guette le relèvement de la barrière qui laissera passer ses filles ; grâce à cette ouverture il pénétrera dans la forteresse ; vainqueur alors, il dictera ses ordres.

Le stratégiste a oublié que son sang coule dans les veines d'Angélique : il épie le grincement de la serrure et ses enfants sont à ses côtés ! Une poterne leur a permis de sortir à la dérobée.

L'étonnement dissipé, on prend à témoins les nouvelles venues, on les sacre juges et parties, on les adjure de conspuer Mme l'Abbesse.

Agnès écoute sans sourciller, puis, du ton de dignité froide, coutumier à ses seize ans, déclare :

« Ma sœur est dans le vrai ; elle exécute le concile de Trente ; nous devons nous incliner. »

Le bouillant d'Andilly interrompt la parleuse.

« Va-t-elle bientôt finir de nous ennuyer, avec ses conciles, » s'oublie-t-il à dire. Exclamation bien irrévérencieuse dans la bouche d'un Arnauld! Le tumulte est au comble; chacun vocifère, personne n'entend ; Mme Le Maître, émoyée du supplice qu'endure sa chère Angélique, prie, silencieusement serrée près d'Anne-Eugénie, toute contrite.

L'ordre est donné de tourner bride, les chevaux vont s'ébranler.

Auparavant, M. Arnauld doit tenailler sa fille du fer rouge de son adieu.

Force lui est de se rapprocher, d'entrer dans un parloir adjacent où les sollicitations d'Angélique le convient depuis le commencement de la scène.

Une planche obstrue la grille ; Mme de Port-Royal l'abat.

Épreuve mille fois pire que les autres, qu'aperçoit-elle ? L'auteur de ses jours, blême, les traits altérés, méconnaissable.

Elle intercède ; un flot de larmes est la réplique. Raidie aux insultes, elle faiblit devant le désespoir.

Qu'est-ce surtout, lorsque les plaintes, hachées de sanglots, s'égrènent imprégnées de douceur infinie. Le père implore tour à tour grâce et pitié.

Enfin, modulé ainsi qu'une caresse, monte à ses lèvres l'adieu éternel... Un râle l'accueille... Mme l'Abbesse est tombée évanouie.

Arnauld appelle, sa famille accourt ; d'Andilly lance des exclamations aiguës. Nulle créature ne bouge au couvent ; figées jusqu'aux moëlles, les nonnes, plus mortes que vives, se dérobent à ce fracas qu'elles imaginent être le crépitement du combat. D'Andilly se rue contre les portes ; elles résistent. Mme l'Abbesse gît, privée de ses sens, à deux pas de ses parents immobilisés par la grille ; ils ne savent à quel saint se vouer, se consultent en gémissant : l'enfant indocile a recouvré leur tendresse.

A la longue les hurlements de stentor d'Andilly parviennent à intriguer le cloître ; les religieuses gagnent le parloir ; petit à petit elles hasardent une investigation curieuse : quelle est leur stupeur en découvrant Mme de Port-Royal inerte sur les planches !

Éclairs rapides elles bondissent, toutes s'empressent, un lit est apporté où, doucement, on pose Mme l'Abbesse.

Quand la chaleur ramène la vie dans ses membres, elle entr'ouvre les paupières et reconnaît, penchées sur sa couche, les Sœurs qui, une minute avant, la reniaient et — les bras tendus vers elle — le père qui la maudissait.

Victoire est remportée.

L'angoisse avait scellé la réconciliation : la Réforme est acquise.

Gloire soit rendue à la vierge intrépide bravant l'outrage et mourante d'un pleur de son père !

Mère Angélique, la faut-il nommer désormais: elle vient d'accomplir, au prix du déchirement de son cœur, l'œuvre géniale de l'Église au xviie siècle.

La vertu, chassée du cloître, va y rentrer sous ses auspices.

CHAPITRE II

Déduction serait fausse d'arguer de la Journée du Guichet un prompt triomphe. Du précepte à l'effet, la marge est incommensurable : Arnauld, enlacé par cette phrase : « Au nom du Ciel, demeurez cette journée! » consentait à rester ; sa condescendance approuvait les innovations, mais il retrouvait sa colère à l'apparition du Père Vauclair; de même Mme Arnauld, malgré ses épanchements, persistait dans son serment. La communauté obéissait : que de réticences dans cette soumission ! Bizarre retour des choses d'ici-bas, Vauclair la travaillait secrètement.

Sur l'injonction d'Arnauld, tardivement choqué de sa jeunesse, le religieux avait été enlevé à Port-Royal et furieux il desservait sa valeureuse alliée. Après l'avoir envoyée au gril le 9 septembre, s'être reployé en lieu sûr dès le feu allumé et n'avoir prématurément reparu que parce qu'il croyait la flamme éteinte, il lui en voulait maintenant de son congé et ruinait son influence.

M. de Citeaux biaisait avec les statuts ; expert dans l'art de distiller la flatterie, il aplanissait es obstacles au gré de son protecteur Arnauld. Exemple : la règle confinait le père au parloir; la gérance de l'abbaye promenait de cours en jardins l'homme de loi. Ainsi constamment.

L'opposition souterraine fauchait la moisson en herbe.

Il n'y avait que deux cœurs à vibrer à l'unisson : la Mère de Nouveau et la Mère de Louviers de Saint-Antoine des Champs : il faut arriver en 1616 avant que le trio se grossisse d'une recrue : la Mère Philippe Passart.

L'exiguïté de sa troupe ne rebutait point la Réformatrice.

Son refuge était la prière, son arme la bonté.

L'aménité voilait son rigorisme, ses leçons revêtaient une forme indulgente. Toutefois, il fallut sévir dans l'incident Vauclair; la fermeté devint indispensable pour disperser les affiliées.

Rencontrer un traître où on cherchait un ami l'épreuve était sévère : elle profita.

Les successeurs de Vauclair, les Pères Archange, Galot, Eustache, qu'ils prêchassent ou écrivissent, officièrent dans les limites de leurs fonctions. La Mère Angélique était corrigée des engouements ; l'avenir lui réservait des directeurs spirituels à sa toise, mais l'ombre grandiose des François de Sales, des Saint-Cyran, des Singlin ne se projetait pas encore à son horizon.

Tout était déboire et mesquineries; minable au point de vue moral, effroyablement pauvre quant à la partie matérielle : un excès de délicatesse empêchait l'Abbesse de grever le budget de son père ; sachant la vexation que lui causait la Réforme, elle redoutait de l'aigrir et déclinait ses présents.

Les nonnes pâtissaient; son ingéniosité s'évertuait à pallier leurs privations. Efforts superflus, le moindre grain de mil aurait mieux fait leur affaire.

Tandis que les Filles supputaient ce qu'auraient pu être les munificences d'Arnauld, celui-ci tremblait qu'un coup de tête ne dépossédât l'Abbesse de son abbaye.

Les bulles, octroyées le 13 novembre, s'annulaient de plein droit le 13 mai 1610.

Retenu par le malaise que cause aux parents la supériorité de leurs enfants, Arnauld évitait d'interroger la principale intéressée.

A la longue, ne pouvant éluder l'échéance, l'intérêt l'emporta.

Le 6 mai, il apprit que M. L'Argentier, abbé de Citeaux, dînait aux Vaux-de-Cernay; il courut l'y relancer et séance tenante l'entraîna à Port-Royal, escomptant la surprise de cet impromptu pour enlever le consentement de Mme l'Abbesse.

Résignation ou lassitude, elle s'inclina.

Ses ciseaux entamèrent la serge de Nogent

de laide couleur jaune : elle travailla toute la nuit à bâtir n'importe comment la robe nécessaire à la cérémonie de sa Profession.

Le lendemain 7 mai, elle s'agenouillait devant l'abbé de Cîteaux. Ce personnage, accoutumé à l'apparat, fut fort décontenancé de la mesquinerie du costume ; il eût été complètement dérouté si, transperçant la laine lâche et bourrue, il avait scruté la conscience de Mme l'Abbesse.

Il y aurait lu qu'acceptant les trois vœux officiels, attaches indestructibles à la vie religieuse, elle opposait quant à l'engagement matériel des restrictions positives, c'est-à-dire que, renouvelant à dix-neuf ans l'acte de ses neuf ans, elle ne se liait ni à l'Ordre ni à la Maison.

Qui ces subtilités touchaient-elles ? l'abbaye était sauve.

Arnauld exultait ; derechef, M. L'Argentier était rendu à sa villégiature.

Les indigents bénirent la Providence ; maintenir la Mère Angélique à la tête de l'abbaye c'était répandre les bienfaits sur la contrée.

Chaque matin des files pressées de loque-teux envahissaient la cour, quémandant leur pitance. Midi sonnant, Mme l'Abbesse quittait le réfectoire munie d'une marmite : elle glissait, tendant l'écuelle fumante à l'enfant et au vieillard, à la femme et au laboureur.

Pendant que les appétits s'assouvissaient, elle ouvrait son missel et lisait à voix haute.

On l'écoutait respectueusement ; une seule fois un des affamés osa rire. Une larme humecta les cils de la lectrice… ; aussitôt le moqueur repentant fit amende honorable.

N'était-elle point leur mère chérie, celle qui, trois cent soixante-cinq fois par an, accomplissait le miracle de la multiplication des pains ? Comment ce phénomène : tirer du dénuement la nourriture quotidienne, s'opérait-il ?

Parce que le trésor de la Mère Angélique résidait au fond de son âme ; l'aumône qui en jaillissait nargue l'escarcelle vide : c'était l'aumône de son cœur.

Les malades, les délaissés, les ignorants vi-

vaient de cette obole. A l'infirmerie, on la sur-
prenait accroupie près d'une converse, soute-
nant le bassin destiné à recueillir une saignée,
lente à établir — si lasse de sa posture, relate
un témoin, que les gouttes de sueur lui tombaient le long du visage.

Une servante gît dans quelque pucier, ses
dents claquent la fièvre ; secouée par le délire,
elle disperse ses couvertures.

La Mère Angélique monte sur le lit, abaisse
les rideaux et, en s'immobilisant sur le corps
de la patiente, lui communique sa propre chaleur. Souvent on la cherche dans les salles du
Chapitre ; elle est assise sur la huche, ensei-
gnant le catéchisme aux cuisinières, tandis
qu'elles vaquent à leurs travaux. Elle-même
fait son bouillon et l'abandonne à quiconque
mendie, car, se refusant le luxe d'une table
particulière, elle prend ses repas où le hasard
l'envoie.

Les disgraciés attiraient surtout sa compassion ; elle s'épuisait à soulager des êtres moitié
brutes, moitié créatures humaines.

On mesure les inquiétudes qui l'assaillirent lorsque, à la tête des malades, se rangea sa très chère sœur Agnès. Saint-Cyr copiait Port-Royal et le sacrifice surmenait la nature. Mme Le Tyreux, à l'instar de sa collègue Mme de Jumeauville, avait perdu son latin près de sa pupille. Agnès parvint à exécuter dans ses prescriptions rigoureuses le carême de 1609.

A la mi-mai elle était hydropique: la maladie dura deux ans. La Mère Angélique prétendit ne céder à personne la charge de soigner sa jeune sœur. Elle s'étudiait à refréner son penchant à l'ascétisme, mais elle oubliait de prêcher d'exemple ; de cette divergence entre les mots et les faits naquirent des conflits.

Agnès s'enfonçait dans la mortification, la Mère Angélique s'exténuait à la raisonner ; elle se traînait à genoux, espérant la décider à absorber des fortifiants.

Agnès s'obstinait. A maintes reprises des discussions interminables, jointes à l'étroitesse de la cellule, provoquèrent chez la Mère Angélique un évanouissement. Agnès pleurait et ne capitulait point.

La raideur de son caractère consternait son aînée : la consultait-elle à propos du genre de pénitence à imposer aux nonnes qui perdaient par leur faute le commencement de l'office :

« Elles ne le doivent pas perdre, » ripostait Agnès.

La réponse tranchait la question.

Son orgueil égalait sa vertu ; comme elle, il était immense, et comme elle, intraitable. Les difficultés décuplèrent l'ardeur de l'apôtre ; sa patience finit par l'emporter ; l'altière Agnès s'amollit au souffle de la tendresse ; l'arrogante se fit humble, ses rébellions s'abîmèrent dans la poussière.

Le 28 janvier 1611 elle quittait le sanctuaire drapée dans ses voiles de Bénédictine et y rentrait ensevelie sous la bure de saint Benoît ; en déposant ses mousselines favorites elle avait dépouillé la vanité de ses instincts féminins.

La semence germait, Marie-Claire, quatrième

demoiselle Arnauld, revenue volontaire et ac ariâtre d'un séjour néfaste à Andilly, s'amendait sensiblement; ses rebuffades épargnaient sa sœur Angélique longtemps endolorie de ses piqûres.

Deux années plus tard, à quatorze ans, elle endossait la glorieuse livrée de ses aînées. 1614 enregistre sa vêture.

Une joie délicieuse inondait la Mère Angélique lorsque son bataillon se renforçait d'une combattante : que devaient être ses transports quand la nouvelle venue sortait de sa famille? Au sein de ses traverses le souvenir des siens peuplait son esprit ; on hésite à classer parmi les rêves la vision qui lui montra M. d'Andilly et Mme Le Maître, pâles et tristes, cheminant, sur la même monture, vers Port-Royal. On ne peut l'appeler hallucination de l'insomnie, puisque effectivement, ce hâvre protecteur fut marqué du doigt divin et s'ouvrit devant leur viduité. La macération célébrait chacune de ces conquêtes.

L'abbé de La Charmoye, résidant en 1612 à

Port-Royal, à l'occasion de la profession d'Agnès, parla d'une coutume inusitée dans l'ordre de Citeaux : il conseilla de supprimer la viande autorisée trois fois par semaine.

La Mère Angélique, séduite par la sévérité de la proposition, la mit aux voix. De connivence avec Arnauld la majorité la rejeta.

L'anachorète courba la tête... et passa outre. Empêchée de convertir les autres aux privations, elle les exagéra en son particulier dans le but de leur en appliquer le mérite.

Dès juillet, elle réduisit ses aliments à un morceau d'omelette. Le cérémonial commandant à Mme la Prieure de venir lui faire son inclination au réfectoire, elle dissimulait sa maigre part sous une peau de queue de mouton.

A la fin du mois la tricherie fut reconnue; les religieuses se piquèrent d'émulation : le 4 août, la Mère Angélique eut la consolation d'introduire l'abstinence dans sa communauté.

Cette date était bénie, car en cette fête de St Dominique, l'année 1610, Mme Arnau'd, déliée le matin même du serment téméraire prononcé à la journée du Guichet, avait reparu à Port-Royal.

Le calendrier ne suffisait plus à célébrer les édifiantes bienvenues ; les filles d'Arnauld quintuplaient la cohorte ; électrisées par la lutte pour le ciel, elles s'y préparaient aussi bien au milieu de l'agitation des plaisirs que dans le recueillement de l'autel. Coûte que coûte l'immolation devenait leur.

A qui n'arracherait un cri d'émotion la constance de la pieuse Anne-Eugénie volant sur les traces de ses quatre sœurs?

Celle-là était réservée au monde ; Arnauld, adjugeant les lots, lui avait départi le mariage ; il la harcelait de conclure une alliance brillante et la produisait à la cour et à la ville. La demoiselle feignait l'entrain et se prêtait aux divertissements ; sa dévotion savait en tirer parti. La compagnie qu'elle fréquentait était composée d'éléments disparates ; le froc fraternisait avec la cape et l'épée.

A côté des tirades obséquieuses, Anne-Eugénie entendait la parole du Père Archange ; l'union entre le directeur et la pénitente se cimenta chez la duchesse de Guise; dans cette ruelle frivole la jeune fille puisait le courage de masquer d'un sourire une piété résolue.

La patience fut récompensée; le 17 février 1618, Anne-Eugénie articulait ses vœux.

Elle remerciait sa bonne étoile de l'avoir promenée de salons en salons; elle y avait appris le dédain du monde et l'art de se dominer. La preuve se manifesta le jour même de sa vêture; ses traits reflétaient une placidité parfaite et cependant les grincements de dents désolaient le monastère : la Mère Angélique partait.

Son Supérieur la rappelait à Maubuisson.

L'élève était requise de morigéner ses maîtresses. Les scandales succédaient aux scandales; la force armée avait dû avoir raison de Mme d'Estrées.

L'épopée où l'on avait contemplé des archers tombant en arrêt devant le lit chaud de Mme l'abbesse, la surprenant vraiment nue, l'empoigner demi-folle, l'enfouir dans son matelas et la séquestrer à Paris, navrait Port-Royal.

Une Dignitaire aux Filles repenties couvrait l'Ordre de confusion... perdre sa Mère en faveur de sœurs indignes, quelle adversité ! M. de Citeaux l'ordonnait ainsi.

Tandis qu'on procédait à l'enlèvement de l'abbesse il avait convoqué la communauté de Maubuisson afin de délibérer sur le choix de sa remplaçante. La panique s'était emparée des nonnes fantaisistes à l'aspect de la maréchaussée, l'idée qu'on allait les mater troublait leur cervelle.

Trois personnalités possédaient la bienveillance de M. l'abbé : Mme du Trésor, Mme du Pont-aux-Dames, Mme de Port-Royal, il les proposa aux assistantes.

A l'énoncé du dernier nom, synonyme de réforme, un tremblement les saisit; elles se réclamèrent de leurs statuts pour obtenir une professe de leur communauté.

M. de Citeaux acquiesça à leur vœu et les laissa enchantées de leur finesse : à malice, malice et demie; il se rendit chez Arnauld et lui demanda la Mère Angélique, qui réunissait les conditions souhaitées, puisqu'elle avait reçu la vêture à Maubuisson et que son temps de profession s'y était écoulé.

Arnauld grommela; les changements, on le sait, l'agaçaient: M. l'abbé s'entêta; son parti pris, il répudiait les moyens mitigés.

Le 18 février 1618, Port-Royal était une vallée de larmes; les Filles fidèles cédaient leur Abbesse aux pestiférées.

Vainement la Mère Angélique avait-elle prié le Ciel d'éloigner le calice de douleurs, M. de Cîteaux la forçait de le boire jusqu'à la lie. Il l'emmenait avec trois religieuses : Marie-Claire, agée de dix-huit ans, la Mère de la Croix et la Sœur Isabelle de Châteauneuf, âgée de dix-neuf ans.

« Vous aurez un lit à l'infirmerie de Port-Royal pour le reste de vos jours, » disait tristement la Mère Angélique à ses compagnes.

Le pronostic était juste. Les vingt-deux habitantes de Maubuisson se trouvaient absolument contaminées; le sentiment de leur dégénérescence les inspirait à rebours, en ce sens qu'elles y mettaient une sorte de gloriole.

Le désordre les grisait, leurs causeries ressemblaient à des querelles, tellement que les étrangers hésitaient à les aborder. L'hiver, les cartes alternaient avec la comédie; l'été, les bosquets remplaçaient les coulisses : chacune se réservait un cabinet et le dimanche la bande venait danser près des Étangs avec les moines de Saint-Martin-des-Champs.

Malgré leur licence ces excès étaient dépassés à la chapelle; un véritable charivari la profanait, les voix, éraillées par le vin et les chansons, vociféraient vêpres et complies, l'indécence de la tenue ne peut s'exprimer; on se battait, on se bousculait.

Comme il fallait se confesser, on répondait oui et non aux interrogations d'un prêtre affublé du sobriquet de Pater; à ses remontrances, on obvia en inventant trois confessions spéciales : grandes fêtes, dimanches, jours ouvriers. Devant le confessionnal, les pénitentes échangeaient cet écrit qu'elles bredouillaient afin de déguerpir prestement.

La supercherie de M. de Citeaux les jeta hors des gonds. L'eau bénite aurait été impuissante à exorciser ces démoniaques : la Mère Angélique n'avait que ses pleurs.

Les illusions mêmes lui étaient refusées ; les plaies avaient été mises à nu devant ses yeux d'adolescente, et récemment Mme d'Estrées, sous prétexte de chercher des conseils, était revenue jouer une scène d'hypocrisie à Port-Royal.

Qu'est-ce qui apaise les démentes ? — la douceur. La Mère Angélique, décidée à l'employer, se répétait que les malheureuses avaient été faites religieuses par violence, plutôt que de leur plein gré ; son expérience lui enseignait l'odieux des vocations imposées ; elle s'excitait à l'indulgence envers les créatures vulgaires, inhabiles à pratiquer le sacrifice.

Elle s'avança, tenant le rameau d'olivier : « Que la paix soit avec vous . »

Fendant l'assistance, elle marcha droit vers une religieuse âgée, la dame Desmarets, et l'embrassa en l'appelant : « Ma grande amie . »

Cette action conquit les suffrages des vieilles religieuses qui avaient gardé le souvenir de l'aimable enfance de Jacqueline, leur approbation la consola de la rudesse du choc avec les jeunes.

Les caresses étaient pourtant le moyen de propagande adopté par leur prétendu bourreau. La Sœur Le Vasseur l'éprouva; aveugle et à charge à toutes, elle reçut régulièrement la visite de l'Abbesse; la bonne Mère, surchargée de travail, afin de ne pas priver d'une distraction l'infortunée qui végétait dans les ténèbres, mangeait près de son fauteuil son frugal repas : sept ou huit feuilles de chicorée sauvage hachées crues dans la paume de sa main.

Les séculières se donnaient rendez-vous afin d'examiner en cachette cette étonnante religieuse qui observait la règle; elles purent l'épier, du lever du soleil tard dans la nuit, elles la trouvèrent inflexible pour elle et ses trois aides, clémente envers les égarées.

Néanmoins, comme les grilles s'élevaient, que la clôture se rétablissait, sa férocité fut proclamée. On criait haro à la Réforme, les crocs en jambe foisonnaient, un tournoi constant s'engagea entre la condescendance et l'injustice.

La commission, instituée par M. de Citeaux, faiblit devant la tempête ; elle se réserva de suivre le procès de Mme d'Estrées, faisant faux-bond à la Mère Angélique, quant à la direction intérieure.

Une fois encore la Réformatrice était trahie. On lui envoya un procureur chargé d'élucider la procédure : ce n'était guère de paperasses qu'il s'agissait.

Les vieilles nonnes désiraient la présence d'Anne-Eugénie; comme elles se montraient relativement malléables, il fallait les satisfaire: mais convier sa sœur à gravir le calvaire troublait la conscience de l'Abbesse.

Pendant dix-sept-mois elle suscita des difficultés ; malheureusement, M. de Citeaux permit le transfert. Vis-à-vis de lui les solliciteuses avaient coloré le déplacement d'Anne-Eugénie de motifs de santé : la fièvre dévorait la jeune religieuse.

Sans qu'il lui eût été nécessaire d'affronter les fatigues de Maubuisson, elle occupait à l'infirmerie de Port-Royal la place promise par anticipation à ses devancières, bénéfice dont ces dernières ne jouirent du reste jamais : elles moururent surmenées, Isabelle de Châteauneuf à vingt-huit ans, Mme de La Croix à vingt-deux.

Entre temps, les semaines succédaient aux semaines et le chaos continuait.

La Mère Angélique risqua un essai hardi : l'infusion du sang nouveau dans les veines gangrenées ; après d'innombrables pourparlers, elle arracha de M. de Citeaux un acquiescement ; quarante Filles furent admises sur ces bases : observance de la Réforme, défense de frayer avec les Anciennes.

Deux abbayes se juxtaposèrent ; ici on disait : Meâ culpâ ; là, les grelots de la folie sonnaient à tout rompre. La séparation fut totale, on ne s'entrevit qu'à la chapelle transformée en champ clos, voici pourquoi : la Mère de La Croix, désirant étouffer la cacophonie des chants, avait formé des chœurs avec les Nouvelles dont le nombre couvrait les piaulements des Anciennes ; celles-ci crièrent plus fort, mais, à cette joûte, beaucoup s'essoufflèrent. Fonctionnant comme des soufflets de forges, leurs poumons s'usèrent, elles en vinrent à refuser les postulantes dépourvues de cordes vocales.

Une novice nommée Basilisse se morfondait; boiteuse et d'une santé délicate, elle voyait ses supplications repoussées par les Anciennes qui se retranchaient derrière les exigences du plain-chant : on ne pouvait se passer de leur consentement. La malheureuse disgraciée pleurait près de la Mère Angélique ; l'élan de foi de l'Abbesse transfigura sa faiblesse.

L'invocation au ciel de Basilisse fut si ardente que les cordes de son gosier se délièrent : à son tour elle entonna les louanges du Seigneur.

Elle obtint enfin la permission de se joindre aux humbles Filles chargées de ramener les superbes par la contagion du bien.

Les minuties répugnantes du ménage incombaient à la jeune Communauté, le sarclage et la lessive occupaient les intervalles entre les offices. On balayait, on lavait les écuelles, on portait le bois, le tout dans un ordre si parfait que la parole était superflue ; une précision mathématique combinait les mouvements, à la seconde le labeur s'achevait.

Une seule ne savait jamais terminer sa tâche : la Mère Angélique.

Les travaux les plus vils, les exercices les plus pénibles ne lui suffisaient point : elle veillait les malades.

Si par extraordinaire l'infirmerie était vide, elle habitait une cellule en tuiles qu'elle avait retirée à une converse. Entourée de draps de serge elle dormait sur une paillasse, posée sur un tréteau soutenu par trois ais fichés en terre ; les crapauds et les lézards sortant de l'égout voisin frétillaient entre les barreaux de la chaise et les pieds de la table ; les rats grignotaient le crucifix de papier, qu'importe ? on n'y voyait goutte.

Dans la nudité de son réduit, la Mère Angélique rêvait de mortifications inconnues. Le régime des Réformées était frugal : privation de

viande, une livre de pain, du bouillon aux her-
bes, l'été la soupe aux choux, l'hiver une omelette ; la Mère Angélique le réduisit à la salade
sans huile ni vinaigre et à un jaune d'œuf,
si vieux, pendant la mauvaise saison, que son
estomac refusait de le digérer.

Ces rigueurs étaient le rachat des bombances
d'à côté. En exécution de son mandat, Mme l'Abbesse circulait des vierges sages aux vierges
folles : aucune de leurs incartades ne lui échappait.

Jamais elle n'adressait de sermons — l'at-
mosphère de prières les remplaçait — les propos libertins ne lui faisaient point déserter son
poste, les collations ne déchaînaient pas ses
foudres — mais elle ne s'asseyait qu'au réfectoire où, présidées par la Sœur Isabelle, les
converses rompaient le pain.

Que dire de ses vêtements ? la Mère Angélique n'achetait des robes neuves qu'à l'intention des nouvelles Filles ; elle était aussi misérablement habillée que mal nourrie et durement
couchée.

Grand fut donc l'embarras de la Communauté lorsqu'on annonça la visite de Mme de Soissons. La grande dame daignerait-elle recevoir la révérence d'une Abbesse déguenillée ? On tracassa tant la Mère Angélique qu'elle étrenna à son corps défendant un costume, mais ne la voilà-t-il pas si gênée de ses frusques qu'elle perdit contenance au milieu de la réception et embrouilla son compliment !

Son malaise était tel que Mme de Soissons en eut pitié ; elle s'enquit du motif et... engagea la dignitaire à déposer sa jupe de gala.

La Mère Angélique ne se fit pas répéter l'invitation : prenant le vieil habit blanc d'une converse, elle l'endossa et, malgré ses reprises, le garda.

A la suite de Mme de Soissons les hôtes de marque affluèrent à Port-Royal : l'habit rapiécé fut immuable.

Comme les tracas, hélas !

En 1619, pour la première fois, un soutien puissant réconforta la Mère Angélique. M. de Bonneuil, introducteur des ambassadeurs, avait une nièce novice ; il demanda à l'Évêque de

Genève de la confirmer : saint François de Sales pénétra à Maubuisson.

A ses discours la Mère Angélique tressaillit, une sensation d'allégement envahit sa détresse ; l'aurore déchira les ténèbres ; les suprêmes délices, causer avec qui comprend, s'épancher près de qui palpite, se savourèrent dans l'aridité du désert.

Le Directeur infructueusement cherché émergeait, réalisant l'idéal de la beauté morale.

Non que sa tendresse s'abaissât aux compromissions :

« L'œuvre à faire en vous ne l'est pas encore, disait-il à la Réformatrice, les cerisiers portent des fruits de peu de durée, le palmier, prince des arbres, porte des fruits cent ans après sa plantation. »

Leurs entretiens eurent un caractère de grande simplicité ; hors la sœur Marie-Claire, personne n'y assistait : défense était faite à la religieuse d'en raconter les détails.

Un entraînement impérieux poussa la Mère Angélique à entreprendre sa confession générale, mais discrète, même envers la grâce, elle se défendit de réclamer une prolongation de séjour ; de crainte d'immobiliser à son profit saint François de Sales, elle lui parlait la journée entière, ne s'interrompant que le temps d'absorber deux œufs et afin de le libérer plus vite, elle revenait se prosterner devant celui qu'elle aurait désiré écouter toujours.

La Mère Agnès partagea son enthousiasme ; sa confession générale succéda à celle de sa sœur. La confiance se propageait : M. Arnauld invita le saint Évêque à Andilly ; dès son installation, il reçut le vœu de chasteté de Mme Le Maître, séparée de son mari depuis 1618 ; presque aussitôt il lisait la mort dans les yeux du petit François, troisième fils de M. d'Andilly, et l'enfant succombait à l'âge de deux ans.

Cette prescience de l'avenir qui l'illuminait développa l'effervescence religieuse dans la famille. Mme Arnauld en vint à expédier par exprès sa confession générale, à qui ? à la Mère Angélique ! Elle-même se transporta à Maubuisson escortée de sa camériste.

Cette fille aspirait au cloître; son impatience lui tirait des larmes ; Mme l'Abbesse la surprenant en cet état lui dit : « Vous nous appartiendrez; pleurez près de Dieu que Magdeleine nous vienne aussi. »

Magdeleine était la sixième demoiselle Arnauld.

Son père la destinait au monde et ses goûts annonçaient qu'elle le dédommagerait des déceptions infligées par Anne-Eugénie. La nuit coïncidant avec cette conversation, la jeune Magdeleine réveilla en sursaut Mme Le Maître ; elle criait que sa patronne lui apparaissait drapée de blanc et présentant du beurre.

Les quolibets accueillirent son récit; mais au retour, lorsque Mme Arnauld rapporta les exhortations de la Mère Angélique à la servante, les rieurs se turent, un pressentiment les avertissait.

L'événement devait les convaincre : à quinze ans Magdeleine embrassa la vie religieuse. Celle qui avait été l'initiatrice de sa vocation entra par la suite à Port-Royal, sous le nom de sœur Antoinette de Sainte-Marie.

La Mère Angélique continua ses relations avec saint François de Sales. Elle s'ouvrait à lui de ses hantises : sa dignité la crucifiait.

Être novice dans le couvent de Saint-Marie et ses vœux seraient exaucés ; l'Évêque comprenait la délicatesse de ses scrupules, car il stigmatisait le trafic des abbayes ; mais, frappé des qualités extraordinaires de la Réformatrice, il ne décidait ni oui, ni non.

La Mère Angélique, préparant sa retraite, représentait à son père que, privé d'abbesse, Port-Royal pâtissait et l'incitait à faire nommer Agnès.

Arnauld méfiant disait :

« On vous la donnera pour coadjutrice. »

« La cour n'en crée plus, » répliquait la Mère Angélique.

Cette objection lui valut une réprimande de S. François de Sales, qui se méprit ou feignit de se méprendre sur le sens de l'observation.

Il lui demanda :

« Êtes-vous de celles qui veulent perpétuer

les charges dans leur maison ? A qui les réser-
vez-vous ? »

La Mère Angélique redressa la tête :

— « Aux plus dignes. »

Dégageant la moralité de ces escarmouches,
Arnauld repartit en campagne ; au mois de
juillet 1619, un brevet définitif fut accordé à sa
fille.

A elle de se résigner ; l'Évêque l'y aida.

De passage à Maubuisson, lors de la Saint-
Barnabé, il la prépara ; rappelé à la Saint-
Alexis pour la consécration de l'autel, il séjourna
neuf jours afin de la chapitrer.

Contraint de l'affliger en vue de pieux intérêts, il s'efforça de panser ses blessures et se
proclama son champion dans l'œuvre de discipline.

Les extravagantes et les orgueilleuses éprou-
vèrent ses rigueurs.

Lorsqu'on apporta à la grille les reliques
destinées à l'autel il remarqua les allures dé-
placées d'une nonne ; sur-le-champ il la fit
tancer par son frère, M. de Baissy.

Cette évaporée s'appelait Mme de La Serre ; douée de beaucoup d'aplomb et d'une certaine intelligence, elle ne tarda point à donner du fil à retordre au couvent : l'équipée s'organisait où elle devait tenir un rôle. Mme d'Estrées ne méditait rien moins que de procurer un pendant à la Journée du Guichet.

Elle le fit comme elle l'annonçait, à la différence que le 25 septembre 1609 avait touché au sublime, tandis que le 10 septembre 1619 frisa le grotesque.

Dès le matin, l'abbesse dépossédée, se gaussant des assurances qu'on lui prodiguait touchant le résultat favorable du procès qu'elle intentait à Maubuisson, s'adjugea gain de cause de vive force.

Elle parut à la porte de la basse-cour; le comte de Sanzé, son beau-frère, et nombre d'amis marchaient à sa remorque ; le portier refusa l'entrée.

Violer une consigne était récréation de gentilshommes; le maraud l'apprit à ses dépens, on le pourchassa à la pointe de l'épée; il se sauva, demandant du secours ; mais, le renfort manquant, la bande fit irruption dans le monastère ; elle atteignit l'église.

La fausse clef de Mme de La Serre en facilita l'entrée, déjà Mme d'Estrées chantait victoire... rencontre imprévue : la Mère Angélique quittait le confessionnal...

« Or ça, clama Mme d'Estrées, il y a assez longtemps que vous tenez ma maison, il faut que vous en sortiez. »

« Quand ceux qui m'y ont mise m'en retireront, » répondit la Mère Angélique.

Fidèle observatrice des lois de l'hospitalité, elle se dirigea, suivie de l'effrontée, vers le logis abbatial.

« Fi ! quelle vilenie ! ôtez toutes ces saletés ! » ordonnait Mme d'Estrées en voyant sa chambre remplie de paillasses, sur lesquelles reposaient des religieuses.

La Mère Angélique, cantonnée dans sa mansarde de l'égout, avait attribué les appartements de l'abbesse à l'infirmerie.

« On ne vous attendait pas, » fit-elle observer

à la rageuse et laissant libre cours à ses plaintes, elle s'occupa de disposer une pièce et d'ac-
commoder un honnête déjeuner tout en ramas-
sant les papiers importants qu'elle serrait hors
de portée.   .

Mme d'Estrées écumait : dès que tierce commença, elle s'élança dans l'église, jurant qu'elle
occuperait son siège : on s'attendit à une es-
clandre; — point — la Mère Angélique l'avait
prévenue et méditait dans sa stalle accoutumée.

Déroutée par cette présence d'esprit, Mme d'Estrées se borna à crier :

« Quelle hardiesse que mon écolière prenne
ma place ! » et se tint coite — relativement. Elle
errait au milieu des Anciennes, attisant la dis-
corde, mais un revirement les inclinait du côté
de la Mère Angélique , sa noblesse enlevait les
suffrages : il y eut communion générale à la
grand'messe.

Sitôt la fin, Mme d'Estrées entreprit de ravi-
ver les courages défaillants ; elle voulait enfrein-
dre la clôture.

La dame Desmarets et la dame Dupuis, ses

amies d'autrefois, refusèrent de lui livrer les clefs. On l'entendit s'égosiller : elle sautait, ricanait, se moquait, au-dessus du réfectoire où les religieuses entonnaient des cantiques.

Son partisan, dom l'Abbassier, qui était le confesseur des Anciennes, insinua à la Mère Angélique que des extrémités pouvaient être à redouter de la part du comte de Sanzé. Transiger serait politique.

« Je ne puis, fit-elle ; » et s'adressant à ses Filles : « Nous sommes entre les mains d'un fol, préparons-nous à tout. »

Au dehors, Mme d'Estrées redoublait son sabbat ; dans l'espoir d'y porter remède on se rendit à l'office, mais la furie ne désarma pas.

Sa tactique visait la Prieure ; rebutée là encore l'énervement s'en mêla ; quoiqu'on fût à la chapelle elle apostropha la Mère Angélique :

« Ma stalle, je veux ma stalle ! » revenait à chaque instant sur ses lèvres.

Finalement, elle se dirigea vers sa compétitrice et attrapant son voile la tira à la porte.

Mais un essaim de religieuses tourbillonna ;

bourdonnements et tiraillements s'emmêlèrent.
La Mère Angélique se trouvait fort rudoyée
lorsqu'une novice, suffoquée du traitement im-
posé à la Révérende Mère, décoiffa Mme d'Estrées
et l'assit par terre.

Le désordre était inouï; que fût-ce, comparé
à l'invasion des gentilshommes, épée nue et
pistolet au poing ! La fausse clef de Mme de La
Serre avait perpétré la traîtrise.

Le comte de Sanzé déchargea son arme; la
détonation fit envoler les Anciennes.

Dom l'Abbassier prêchait la concorde; qui
donc l'écoutait ?

De Sanzé brusquait la Mère Angélique et elle
résistait. Les novices, possédées d'une sainte
colère, bataillaient contre les agresseurs, les
horions tombaient drus comme grêle, les voiles
jonchaient le sol, un rempart composé de Filles
belliqueuses défendait la Mère Angélique
— horrifiée.

Voir ces colombes de prédilection métamor-
phosées en guerrières se colleter avec des soudards; quel spectacle odieux ! il fallait l'abréger.

Repoussant ses indomptables gardes du corps, la Mère Angélique s'abandonna aux assaillants qui l'emportèrent, ainsi qu'une plume, et la déposèrent dans l'équipage préparé à cet effet au fond de la basse-cour.

Escamoter l'Abbesse, on ne demandait que cela, le surplus ne pesait pas une once ; mais voici que le fretin tant méprisé accourut à la rescousse et s'accrocha à la Mère qu'on lui volait. Trois Anciennes, confuses de leur fuite, reparurent décidées à braver les événements; onze novices, toutes les postulantes leur prêtaient mainforte.

Une nuée de nonnes couvrit le carrosse du timon à l'impériale; de Sanzé, craignant que le rapt ne dégénérât en carnage, précipita le départ : des poignes crispées retinrent les roues ; une catastrophe était imminente , lorsque Mme de Chevet demanda : « Où allons-nous ? »

Cette exclamation ouvrit des horizons d'épouvante à la Mère Angélique ; quitte à se casser les os, elle se jeta hors de la voiture.

Un garde l'appréhenda au col et la traîna jusqu'à la route, où Mme d'Estrées s'agrippa à elle ; un autre garde se pressa de tirer la porte pour refouler à l'intérieur les religieuses : menaçantes et redoutables, elles se ruèrent en masse et lui signifièrent qu'elles allaient l'écraser entre les battants : l'homme recula. Inopinément, une grande novice délivrait la Mère Angélique de l'étreinte de son antagoniste, et de nouveau Mme d'Estrées se trouvait assise sur son séant !

Maintenue d'autorité dans cette position, elle vit défiler en bon ordre la Communauté qui s'acheminait vers Pontoise, tandis que les attaquants, ébahis, la laissaient passer.

Une professe, reçue la veille, resta seule à Maubuisson, retenue par un scrupule concernant la clôture.

La peste décimait Pontoise. En touchant au faubourg, la Mère Angélique prescrivit une halte ; elle administra un cordial aux voyageuses ; cependant l'épidémie demeurait une préoccupation secondaire : la pire calamité était que

les voiles, criblés de trous durant la rixe, s'ef-
filaient par lambeaux.

Promener ses Filles en rupture de clôture,
têtes nues à travers la ville, une Mère vigilante
ne pouvait l'admettre : chacune dut relever sa
robe à la hauteur de la ceinture et la rabattre
sur ses cheveux de manière que le costume se
formait d'un jupon vert et d'un corsage noir.

Ainsi travesties, les trente-cinq religieuses,
récitant leur chapelet, entrèrent à Pontoise,
elles s'abritèrent dans la première Église, qui
appartenait aux Jésuites ; le grand-vicaire et
M. Duval, le docteur, vinrent aux informations.

Sitôt la vérité ébruitée, les Carmélites et les
Ursulines offrirent l'hospitalité.

L'Hôtel-Dieu fut proposé ; on opta pour le
grand-vicariat, qui assurait la protection de
l'Évêque.

La clôture fut prononcée, les vêpres suivirent.

La ville, frissonnante d'émotion, se souleva,
prodiguant les témoignages de sympathie.

A la tombée du jour une dernière religieuse
rallia le domicile commun ; travaillant à la

cave, elle avait ignoré les malheurs de ses compagnes ; informée, elle s'était mise à leur poursuite non sans recueillir une pistole oubliée sur une fenêtre... elle savait la besace vide.

Le jardinier blessé fut-il, comme on le raconte, prévenir à Paris ? En ce cas, il aurait perdu sa peine ; Arnauld était absent. Ce fut son second fils, Mgr de la Trie, Évêque d'An.-gers, qui saisit de l'affaire la Chambre des vacations, laquelle rendit une ordonnance requérant le chevalier du guet, M. des Fontes, d'expulser l'usurpatrice et de rétablir la Mère Angélique.

Le 11 septembre, à cinq heures du soir, deux cents archers investirent Maubuisson, Mme d'Estrées, avertie en temps opportun, se sauva, déguisée en servante, par une ouverture qu'on croyait murée ; Mme de La Serre s'enferma dans l'armoire aux papiers.

A dix heures, le Prévost avertit l'Évêque de Pontoise que, par ordre du Roi, justice était faite.

La Mère Angélique décréta le retour.

Ni l'heure tardive, ni le fâcheux état des chemins ne la firent hésiter : le devoir l'exilait au milieu des landes épineuses de Maubuisson, elle y retournait comme si les roses les eussent parsemées.

Le cortège se reforma ; entre deux rangées de flambeaux allumés, les religieuses s'avançaient sur deux files, escortées d'archers à cheval, mousquet à l'épaule.

M. le Prévost précédait la Mère Angélique.

Combien cette démonstration armée, quelque significative qu'elle fût, pâlissait près de la manifestation populaire !

Les habitants qui depuis deux jours s'enorgueillissaient de donner asile aux proscrites s'agenouillèrent sur leur passage ; les curés des paroisses, tous les ecclésiastiques tinrent à honneur de les reconduire à la barrière ; foule et hommes d'armes se complurent, en signe de respect, à observer la loi du silence édictée par la Mère Angélique.

On gravit les escarpements, on traversa les fondrières, pas un son ne troubla la prière ;

quand les cierges vacillants éclairèrent le porche abbatial, la procession était comparable, plutôt à une légion séraphique qu'à un ramassis de gens de guerre et de nonnes ignorantes. La foi de la Réformatrice les pénétrait, fortifiante comme les senteurs d'automne que la nature avait répandues durant leur course à travers la campagne.

Remise en possession de ses droits, l'Abbesse se souvint de ses obligations. Quelque légitime qu'eût été le repos après tant de péripéties, elle s'imposa de restaurer son escorte; la nuit s'écoula à distribuer aux archers une nourriture substantielle. Eux, reconnaissants, ne rompirent point le mutisme.

Cette absence de bruit plaça Mme de la Serre en triste posture; s'étant mouchée, son perchoir fut découvert. On lui enjoignit de descendre, elle s'esclafa; si haut était-elle juchée que l'obstination lui était commode.

On posta une sentinelle au bas de l'armoire avec consigne de surveiller. La dame persiflait, mais le garde, agacé de cette faction sup-

plémentaire, la mit en joue... la péronnelle de
dégringoler !

On confisqua les papiers importants qu'elle
détenait et, suivant les instructions de M. de
Citeaux, elle fut enfermée dans un couvent de
l'Ordre.

Quarante-huit heures plus tard, M. le Prévost retourna à Paris avec sa troupe après avoir
détaché une compagnie, indispensable à la
sécurité du monastère. De Sanzé conservait
des accointances avec la noblesse, les coups
de feu et les coups de pierres protestaient
contre l'arrêt du Parlement ; on dut se barri-
cader jusqu'à l'arrestation de Mme d'Estrées.
La Mère Angélique congédia alors la garni-
son, qui épuisait ses ressources, bien que le
roi payât la solde des archers.

La paix se rétablit lorsque la troisième
meneuse, Mme de Ricarville, eut été séques-
trée.

Mme d'Estrées était emprisonnée au Châtelet ;
le père Bernard ayant été la voir constata que
des bouteilles de vin et des saucisses traînaient

sur son lit; ses goûts de ripaille persistèrent autant que ses goûts processifs.

Aussi la verrons-nous finir misérablement dans un faubourg de province, bien que son abbaye lui versât une rente de douze mille francs, dont les religieuses auraient pu s'affranchir, la dame abusant du droit de chicane et ayant détourné des titres importants.

Juste triomphante de cette chaude alerte, une séparation cruelle frappa la Mère Angélique : M. Arnauld, atteint d'une hydropisie de poitrine, mourut le 29 décembre 1619, après trente jours de maladie.

Quoique la divergence de leurs sentiments puisse faire supposer le contraire, une affection illimitée les unissait; seulement le père aimait sa fille humainement, et la fille aimait son père d'amour divin.

La conviction qu'il risquait son salut par ses calculs, ses attaches terrestres, surexcitait son dévouement.

Souvent la nuit, elle se réveillait en sursaut, criant : « Salvum fac servum tuum. »

Isabelle de Châteauneuf répondait : « Deus meus, sperantem in te. »

Dieu entendit leur prière ; à l'article de la mort, Arnauld, intègre suivant le monde, pharisien selon le Christ, rétablit la balance entre sa renommée et ses actes.

Il appela son confesseur, le père Albert : « Je me dépouille de mes biens en faveur des pauvres, » murmura-t-il.

Cette renonciation fut le baume consolateur dispensé à la tristesse filiale.

Les nonnes, qui ne comprenaient pas grand' chose au désintéressement, étant de leur état sevrées de tout, regrettèrent l'administrateur facile, toujours prêt à laisser dormir le règlement.

Sa mort ne contrecarra point l'entreprise de sa vie ; les bulles nommant la Mère Agnès coadjutrice à Port-Royal furent accordées en 1620.

La seconde édition des chagrins de la Mère Angélique se reproduisit ; les mêmes larmes, les mêmes terreurs, les mêmes désolations martyrisèrent l'élue. Encore une fois saint François de Sales parla ; sa puissante douceur courbait les volontés : la Mère Agnès se soumit. La Mère Angélique l'investit de pouvoirs similaires aux siens.

Port-Royal fut témoin de cette fusion touchante.

Au livre de l'Antiphonaire, l'Antienne portait : « Illi sunt duæ olivæ et duo candelabra lucentia ante Dominum. »

La fécondité future des deux sœurs ne se trouve-t-elle pas prédite dans ces pages inspirées ? Inondée de clartés révélatrices, la Mère Angélique, tandis que sonnaient les cloches, poussa cette exclamation :

« Ma sœur, nous serons les deux olives ! »

Effectivement elles réussirent dans tout ce qu'elles entreprirent ; seule, leur soif d'humilité ne s'étancha jamais.

La Mère Angélique aurait voulu céder son titre à sa coadjutrice : l'abdication ne pouvant être consommée, elle maintint intégralement son autorité.

L'obéissance passive lui était due, elle l'exigeait. Il advint que la Mère Agnès renversa la lampe de chœur sur sa robe, Mme l'Abbesse la condamna à porter jour et nuit ce costume jusqu'à l'expiration des délais où on renouvelait les vêtements ; l'huile exhalait une odeur nauséabonde, ce fut durant plusieurs mois exercice de patience pour la Mère Agnès, qui observait une propreté méticuleuse ; la pensée d'exciper de sa dignité afin de mitiger la punition ne lui vint pas.

Si la Mère Angélique était sévère à l'égard des autres, elle ne s'épargnait point : ses lettres décèlent les troubles de la directrice d'âmes ; il faut en chercher l'expression dans sa correspondance avec la bienheureuse Mère de Chantal, qui recevait ses confidences.

Saint François de Sales noua des liens étroits entre les Réformatrices ; grâce à son entremise avant de se connaître, elles s'écrivaient. Leur rencontre eut lieu quand la Mère de Chantal vint de Savoie dans le but d'étudier les bases de l'Ordre de Marie.

La lettre suivante de la Mère Angélique prouve leur intimité.

« Maubuisson, 20 septembre 1620.

« Ma très chère Mère, ma misère est extrême
« et mon embarras si grand qu'il m'est impossi-
« ble de trouver une semaine pour une pauvre
« retraite. Celle que j'y avais consacrée doit
« être employée à entendre les comptes de
« cette maison avec des commissaires de l'Ordre
« (de Citeaux) ; j'ai essayé de faire une revue
« à la manière que Philothée l'enseigne ; je me
« suis confessée seulement depuis l'Assomption
« (à M. Manceau). Dès que l'on me contredit,
« je ressens une douleur extrême dont j'ai été
« quelquefois malade, encore hier. J'ai repris
« aigrement mes sœurs, j'ai été deux ou trois
« fois hypocrite refusant, sous prétexte d'absti-
« nence, parce que cela me déplaisait. Si c'eût
« été quelque chose qui m'eût plu je l'eusse
« pris. Je ne parle point aux Sœurs parce que
« je n'ai point le temps et que j'en perds. La
« grande circonstance de mes fautes c'est qu'en
« les faisant je les vois, quoique j'essaye de

« d isputer contre la lumière ; je ne puis la
« chasser.

« Il y a ici un gardien des Capucins, qui est
« homme de bien mais d'une humeur je ne sais
« quelle. Il veut que je le caresse, que je lui dise
« mes affaires, que j'aie grande confiance, mais
« je ne puis, ce dont il est si mal édifié qu'il
« s'en plaint fort, comme si je lui faisais des
« mépris insupportables, de quoi je suis bien loin
« extérieurement. Mais, en vérité, intérieure-
« ment, j'ai assez de peine à estimer des humeurs
« badines et à croire que les âmes qui se re-
« paissent de niaiseries aient un grand esprit
« d'oraison ainsi qu'on dit de celui-ci. Il a dit
« qu'il ne viendrait plus en cette Maison si je
« ne faisais autrement. D'ailleurs, il prêche très
« bien, mes anciennes dames l'entendent volon-
« tiers, quoique sans fruit.

« J'ai toujours du respect humain. Il ne faut
« qu'un homme comme cela pour me décrier
« dans son Ordre. Je perds du temps à le mé-
« nager et encore avec des tricheries pour
« m'en défaire. Il faut que je fasse ceci avec

« presque tous les religieux. Leur conver-
« sation m'est mille fois plus périlleuse que celle
« des séculiers, parce qu'à ceux-ci je leur dis
« de bonnes choses, mais pour les autres ce serait
« faire la prêcheuse. Ils me disent des niaiseries
« et, si je ne réponds pas de même qu'eux, on
« dit que je fais la froide, que je ne fais de cas
« que des évêques.

« Le bon M. Du Belley (Pierre-Camus), qui
« m'a écrit, est venu. Je l'aime parce qu'il est
« bon; mais il me brouille encore l'esprit avec
« ses vaines et extravagantes louanges, car
« mon méchant esprit s'y plaît et j'ai peine à
« déchirer ses lettres qui me font de si beaux
« Panégyriques. Ses sermons émeuvent nos
« Anciennes ; pour moi, ils contentent plus ma
« vanité qu'ils ne touchent ma volonté :

« 12 septembre. — Je suis en perpétuelle
« contradiction avec ceux avec qui je vis (les
« Pères de l'Ordre), je me défends avec mon
« arrogance ordinaire. »

On sent qu'un désir éperdu l'entraînait vers
la Visitation :

« Je suis votre petite novice, je ne crois pas
que je vous ennuie. »

Mais les religieuses la dissuadaient, alléguant qu'elle s'amoindrirait. Voici sa réplique :
« Je réponds que votre règle a été faite par le
« plus grand Docteur de l'Église ; à quelqu'un
« qui m'assurait qu'on allait demander à cha-
« cune, chaque matin, ce qui lui plaisait à son
« dîner je répondis rudement que cela était
« bien éloigné de la vérité. »

A cette époque, le pacificateur ferme et doux
disparut : saint François de Sales rendit son
âme à Dieu, le 28 décembre 1620.

Son ascendant, qui s'exerçait par la séduction
de la tendresse, manqua à Philothée ; la traînée
lumineuse tracée par lui s'éteignit, le doute
remonta à la surface.

Les ténèbres renaissaient : l'abbé de Saint-
Cyran, appelé à recueillir la succession de
l'Évêque, la fit plus tard magnifiquement fructi-
fier ; de prime abord sa méthode, brève et âpre,
désorienta la Mère Angélique et arracha cette
plainte discrète à son cœur meurtri : « Les

âmes inconsidérées qui s'attachent aux choses branlantes reçoivent des changements de rudes secousses. »

Elle terminait par cette sentence de St Augustin : « Celui-là est trop ambitieux auquel les yeux de Dieu spectateur ne suffisent point. »

Les démêlés constants avec les Anciennes, le défaut d'entente dans l'administration achevèrent de la dégoûter. Maintenant que la pression latente de St François de Sales cessait de la soutenir et l'esprit autoritaire d'Arnauld de la violenter, elle déclara vouloir retourner à Port-Royal.

Vainement lui offrit-on, en toute propriété, Maubuisson et ses richesses; l'opulence n'était guère pour l'éblouir, le dénûment même effarouchait sa modestie.

Elle se fit donner pour remplaçante Mme de Soissons, abbesse de Fontevrault, et la familiarisa avec les institutions nouvelles dans l'espoir que la réforme ne péricliterait pas. Malheureusement, Mme Bigot — une jalouse — les désunit.

La défiance engendra des conflits : Mme de

Soissons ergotait à tort et à travers ; la Mère Angélique pratiquait son système favori : l'abnégation.

Elle crut reconquérir le cœur de l'abbesse en la soignant de la petite vérole : soins inutiles. Mme de Soissons garda ses idées préconçues, la Mère Angélique, victime de son dévouement, subit la contagion et faillit perdre un œil.

Une compensation lui vint du côté où elle l'aurait le moins soupçonné : les trente Filles qu'elle avait reçues au cours de ses cinq années de résidence à Maubuisson, à savoir : neuf religieuses et vingt et une novices, sollicitèrent la grâce de la suivre à Port-Royal. 500 livres de rentes formaient leurs dots ; il était obligatoire de soumettre la question à l'abbaye ; sa pauvreté impliquait un refus. Le bonheur de recouvrer la Mère Angélique étouffa la prudence, la majorité vota oui. L'allégresse empêchait de réfléchir au surcroît de privations : comment priver des sœurs en J.-C. de la félicité commune ?

Mme de Soissons éprouva un vif dépit de cette

désertion générale. La Mère Angélique dirigea son troupeau vers Port-Royal dès la remise des lettres d'obédience et, jugeant sage de couvrir la retraite, retarda son départ de Maubuisson; la Mère Agnès recevrait les voyageuses.

Les instructions finales se résumèrent dans un mot : Silence! Jusqu'à mon arrivée, pas une parole ne doit sortir de vos lèvres. »

— Qui nous indiquera le terme du voyage ?

— Au haut de la montagne, en vous baissant, vous distinguerez un clocher : ce sera Port-Royal.

— Et nos noms, qui les dira ?

— Un papier cousu sur votre manche droite.

Ainsi fut fait : les religieuses n'articulèrent pas une syllabe durant la route; quand la Mère Agnès aperçut l'édifiante caravane elle entonna le *Te Deum*.

Amen ! psalmodièrent les arrivantes.

Ce fut tout. La sagacité de la Mère Angélique avait conjuré la dissipation, écueil des transbordements de nonnes.

Le 11 mars 1622, au moment où elle les rejoignit, le pli était pris ; voici dans quelles limites. La Mère Agnès, éprouvée par un rhume pernicieux, ne débarrassait point sa chambre de sceaux, pleins d'eau gelée, qui la refroidissaient, afin de ne pas prononcer un ordre ; Isabelle de Châteauneuf passait six semaines au lieu d'une, confinée à la cuisine parce que sa réclamation l'eût forcée à parler ; Isabelle-Christine des Rosiers couchait l'hiver sur des fagots dans le bûcher qui lui avait été assigné par erreur plutôt que de demander une cellule. La Réformatrice s'abstint de modifier ses instructions ; les conférences furent supprimées : à quoi rimaient des discours ? chacune accomplissait son devoir.

M. de Saint-Cyran remarqua beaucoup cette ordonnance impeccable ; il résida deux journées à Port-Royal en 1623 et son sermon sur l'Eucharistie, à la fête de l'Ascension, se ressentit de son attendrissement. Par contre, la Mère Angélique fut émue ; elle agréa le prédicateur en qualité de directeur. L'Évêque d'Aire, père de M. de Boutilier, le lui avait indiqué à la mort de St François de Sales, mais les rapports avaient été lents à se souder.

M. d'Andilly, en relation à Poitiers avec M. de Saint-Cyran, le prônait trop ; la Mère Angélique avait une confiance bornée dans le sens commun de son frère ; ne lui mandait-elle pas vers septembre, au moment de l'accouchement de sa femme : « Eh ! quoi, cinq filles !... Ne vous font-elles pas blanchir les cheveux ? »

L'amitié ne trompait point sa raison ; à propos de sa préférée, Mme Le Maître, elle écrivait à la bienheureuse Chantal : « Tâchez d'accaparer « ma pauvre sœur, elle est bonne, mais tendre, « en étant pressée. J'ai peur qu'elle ne s'engage « à M. Du Belley ; je n'aimerais pas cela, il me « semble que ces admirateurs de personne ne « leur font pas faire grand chemin. »

S'adressant à sa mère qui, à la mort d'Arnauld, avait pris l'habit religieux sous le nom de sœur Catherine de Sainte-Félicité, elle esquissait cette ligne de conduite :

« Ce n'est plus par les épées, le feu, les roues « que nous mourons à présent, mais par mille

« petites occasions de renoncement à nos propres
« jugements, inclinations, désirs, occasions que
« Dieu nous offre tous les jours afin qu'au lieu
« de tyrans nous nous donnions nous-mêmes la
« mort qui fait vivre de sa vie. »

La patience lui échappait rarement quels que
fussent ses bouillonnements intérieurs ; une fois
cependant sa sœur, Marie-Christine, faisant
preuve, étant novice, d'une morgue insupportable, elle lui administra deux soufflets. Honteuse
de sa vivacité, elle s'en excusa longtemps et
disait à la jeune fille, redevenue simple et
bonne : « La charité vous a frappée et le diable
« s'est envolé. »

La perception exacte des capacités de chacun
des siens lui dictait l'attribution intelligente de
leurs facultés au bénéfice général; pour cette
cause, Anne-Eugénie de l'Incarnation fut envoyée avec la Mère de Sureau, à l'abbaye du
Lys, près de Melun.

L'ordre de Citeaux accentuait son désir de
réforme et partout la Mère Angélique était con-
sultée comme une Sainte Thérèse. En 1625, on

obtint qu'elle se déplaçât afin de vérifier le travail excellemment accompli par sa sœur. Le diocèse de Rouen l'appela elle-même pendant six semaines à l'abbaye de Saint-Aubin. La prépondérance que sa renommée lui assurait dans les cénacles où se traitaient les questions de discipline ne la distrayait point de Port-Royal : l'agrandir et le perfectionner, à cette œuvre elle aurait voulu consacrer ses forces. Mme Arnauld, se réfugiant au cloître, sous la tutelle de la fille naguère méconnue, lui avait fait abandon d'une propriété sise à Paris, faubourg Saint-Jacques, dans un endroit nommé Clagnie.

La Mère Angélique n'eut de cesse qu'elle n'eût obtenu du roi Louis XIII des lettres patentes autorisant en ce lieu le transfert d'une partie de la Communauté.

L'Archevêque de Paris et l'abbé de Citeaux permirent le dédoublement : en 1626, quatre-vingt-quatre religieuses s'y établirent ; la garde du St Sacrement leur fut confiée. L'Archevêque de Paris favorisait ce changement d'autant plus volontiers qu'il pénétrait le dessein de la Mère

Angélique : rentrer sous la juridiction de l'Ordinaire. Il la seconda vigoureusement dans un
projet qui le rendait omnipotent et par déduction, l'aida à réaliser les vœux qu'elle formait :
se démettre de sa dignité et rétablir l'élection.

Un bref du pape Urbain VIII, daté de juin
1627, ratifia les démarches ; la Mère Angélique
fut replacée sous le droit commun. La faveur
dépassait ses prévisions, car elle ne perdait
aucune des grâces ni aucun des privilèges
attachés à Cîteaux.

L'approbation du roi suivit au mois de juillet :
l'Archevêque de Paris devenait chef suprême.

La modestie égara cette fois la Réformatrice ;
en demandant un coopérateur, elle s'imposa
un maître ; avec le soutien naquit le destruc-
teur.

Confiée au nouveau pilote, la barque qu'elle
dirigeait magistralement à travers les récifs
vogua à la dérive et sombra — le gouvernail
étant pointé à l'opposé du port et les coups de
rame heurtant les lames.

Le temps, fertile en leçons, fit douloureusement épeler celle-ci à la Réformatrice ; mais au commencement la saveur de l'humilité oblitéra sa perspicacité. Son succès la lança à la conquête d'un second ; elle intéressa à sa cause la reine Marie de Médicis, qui la plaida près de Louis XIII. Le roi, en janvier 1629, autorisa la démission de Mme de Port-Royal et concéda les lettres patentes touchant l'élection triennale : la grande Abbesse était libre de s'enrégimenter parmi les obscures.

Malgré son impatience, on attendit des mois avant de la relever de son fardeau ; enfin dans le courant de juillet 1630, l'Official de Paris l'invita à comparaître et reçut sa démission. La Mère Agnès renonça le même jour à son droit de coadjutrice, sauf cette réserve : la réforme subsisterait à Port-Royal.

Le grand Conseil enregistra les actes et un an après (1631) eut lieu l'élection devant un grand vicaire. La Mère Geneviève de Saint-Augustin Le Tardif fut élue pour trois ans ; renouvelée dans sa charge, elle la conserva jusqu'en 1636.

CHAPITRE III

Dorénavant, la tranquillité était-elle restituée à la Mère Angélique ?

P our ce faire, ce ne sont pas les circonstances qu'il aurait convenu de changer, mais la nature de la chrétienne militante. Les responsabilités dont elle était dégagée à l'endroit des créatures, elle les assuma envers le Créateur : elle conçut le plan de l'Adoration perpétuelle.

La dévotion au St Sacrement subissait du relâchement ; les sanctuaires déserts accusaient une tiédeur voisine de l'oubli ; leur solitude contrastait avec la foule aux palais royaux.

Cette différence choquait la Mère Angélique tenue au fait de ce qui se passait chez les grands personnages. Il lui semblait qu'à l'égal des princes de la terre le roi du Ciel avait des titres à une cour ; elle le voulait environné d'une auréole de prières — que jamais l'intercession ne se tût, puisque l'humanité ne cesse de pécher.

La journée des religieuses était subdivisée à l'infini ; la Réforme, prescrivant l'activité corporelle, écornait le temps de l'oraison, qui n'était plus qu'une pratique au milieu d'autres ; la Mère Angélique critiquait ce morcellement.

Mgr Zamet, Évêque de Langres, partageait sa manière de voir ; il trouva une formule : l'Institut du St-Sacrement fut décidé en principe.

Les adhésions vinrent, mais au moment de l'exécution les détails arrêtèrent.

Louis XIII se fit beaucoup intercéder ; il contestait l'utilité d'un Ordre contemplatif ; les négociations eussent échoué si Mme de Longueville ne les avait prises à cœur ; encore fallut-il que la maladie assouplît la volonté du roi ; saisissant un instant propice, Mme de Longueville le détermina pendant sa convalescence à signer à Lyon des lettres patentes (1630). Deux années de démarches près d'Urbain VIII procurèrent les Bulles.

La zizanie commença avec la fondation.

Mgr l'Archevêque de Paris, Jean-François de Gondi, éprouva un vif mécontentement parce qu'on lui adjoignit Octave de Bellegarde, Archevêque de Sens, et l'Évêque de Langres.

Le trio s'entendit peu ; la direction variait selon le coopérateur ; on se flatta qu'une Supérieure rétablirait l'entente.

Les espérances se tournèrent vers la Mère Angélique que sa propagande désignait : à peine rentrée dans le rang, elle dut remonter en vedette. Nonobstant sa véhémente opposition, on la nomma à Paris, le 9 mai 1633 ; trois professes et quatre postulantes de Port-Royal composèrent le noyau de la Communauté, qui s'installa dans une maison louée près du Louvre.

Ce fut le tour de Mgr Zamet d'éprouver du déplaisir; la Mère Angélique était le contraire de la directrice, telle qu'il la souhaitait.

Son rigorisme tout d'une pièce empêchait les transactions avec les statuts.

Monseigneur imposa une coadjutrice, simple postulante; elle s'appelait Sœur Anne de Jésus; l'existence fut dès lors rendue intolérable à la Supérieure. Outre l'affront d'avoir à partager sa dignité avec une subordonnée, les déconvenues l'accablèrent; Sœur Anne de Jésus, forte de son crédit, en usait despotiquement; que la Mère Angélique se soumît ou protestât, son obéissance et son opposition furent matières à blâme, ses actions passées au crible, ses commandements non avenus; on la maltraitait, et à propos de l'achat d'un pot de faïence, sa coadjutrice l'injuria publiquement.

La Mère Angélique répétait: « C'est ma croix, il me la faut aimer. » Redoublant d'austérité, afin de réduire les rébellions de l'esprit, elle flagellait sa chair, la haire l'égratignait et le fouet la frappait; elle voulait ses épaules marquées de raies sanglantes; aucune de ses Filles ne consentit à accepter cette mission cruelle. La Réformatrice, véridique par excellence, eut recours à la ruse; à l'insu des religieuses, elle arma des mains étrangères de la discipline.

Elle s'était réservé le traitement des maladies contagieuses; la peste et la dyssenterie lui taillaient de l'ouvrage; la Sœur Anne de Saint-Paul mourut entre ses bras de la petite vérole pourpre, mais ce dangereux monopole ruina sa propre constitution; elle endurait des douleurs cuisantes. La Sœur Magdeleine de Saint-Anne de Ligure rapporte qu'elle souffrait de coliques de pierre; les migraines, provenant d'excès de fatigue, l'accablaient. En remerciement de tant de zèle, sa coadjutrice la gouaillait; les morceaux de couleurs différentes avec lesquels la Mère Angélique raccommodait ses manches excitaient sa verve : « Les pièces sont les pierreries des religieuses, » murmurait la Supérieure à voix basse. Elle était obligée de ménager sa voix, afin de pouvoir dominer le tumulte de la rue quand elle expliquait l'Histoire sainte dans la chapelle ; là, une terrible affliction lui était infligée : le tohu bohu pénétrait par toutes les portes.

Mme de Longueville, promotrice de l'Institut, menaçait de devenir l'artisan de sa perte : un culte païen n'aurait pu déployer plus d'ostentation, les chapelles ruisselaient de dorures ; pendant l'Octave, les bienfaitrices disposaient leurs diamants sur l'autel et la foule, avide de spectacle, se pressait en désordre.

Sous prétexte d'adorer le St Sacrement, les femmes encombraient l'Église, causaient librement et amenaient leurs enfants qui ne cessaient d'entrer et sortir. La règle de saint Augustin suivie par l'Ordre, quoique fort douce, était encore mitigée. Le confortable engourdissait les nonnes ; la vie contemplative engendrait la paresse.

Au milieu de ce dédale, la Mère Angélique s'égarait ; ballottée entre les exigences de Sœur Anne de Jésus et les caprices des grandes dames, elle ne savait auxquelles entendre, mais elle sentait que son retrait d'autorité compromettait les intérêts spirituels de la communauté.

Elle eut recours à l'abbé de Saint-Cyran.

Les religieuses se défendirent avant d'accepter sa direction. Avec lui les communions étaient rares, parce qu'il les fallait méritoires; les Filles, éprises de signes extérieurs, crurent faillir en les espaçant; les redites dévoticuses, l'accaparement des confessionnaux réalisaient leur type de perfection, de même que les chamarrures du lieu saint satisfaisaient leur foi; elles appréhendaient le directeur ennemi du verbiage, sobre de manifestations; la rareté de ses visites leur déplaisait.

« Qui lèvera nos cas de conscience ? » demandaient-elles.

« Vous en userez envers le Serviteur de Dieu comme envers la petite servante du logis, » répondait la Mère Angélique; « lorsqu'elle est au marché, de quelque nécessité que soient ses services, force vous est d'attendre son retour. »

Elle les décida enfin à une confession générale qui fut circonscrite à trois points : 1° la séparation du monde ; 2° la docilité à la parole divine ; 3° l'union des unes et des autres.

M. de Saint-Cyran déploya un tact parfait ; la tension d'esprit chez les religieuses était au comble ; il leur épargna les développements quintessenciés et les rapprocha de leur Supérieure ; encouragée par ces symptômes favorables, celle-ci effectua des améliorations.

La multitude fut délogée du temple ; les ecclésiastiques reçurent la garde du St Sacrement ; on simplifia les ornements qui outrageaient la pauvreté de Jésus.

Ces modifications enchantèrent la Mère Angélique ; le renouvellement de ses vœux, qu'elle tint à faire en 1635 entre les mains de l'abbé de Saint-Cyran, proclame hautement qu'à lui remontait le mérite.

La coadjutrice tempêtait :

« Elle est ma croix, nous sommes, les douze apôtres, » répétait la Mère Angélique à ses Filles, afin de stimuler leur constance, mais Sœur Anne de Jésus cria au désastre ; le clan des grandes dames s'alarma : Concevait-on ce culte dérisoire ? le très St Sacrement exposé sur un tabernacle veuf de joyaux ! la foule tenue à l'écart, le silence planant du chœur à la nef ; sur les marches de l'autel, des religieuses se succédant en adoration ; alentour, quelques prêtres veillant... Que pouvait-on avoir à cacher pour se murer ainsi du public ?

Les têtes s'échauffaient, les commentaires s'envenimaient.

Mme de Ligery, aigrement interpellée sur ce qu'elle laissait sa fille dans une maison décriée, avait beau riposter : « Je m'y mettrais moi-même, » son opinion restait isolée. Elle méritait créance, cependant ; cette dame avait fait preuve d'un désintéressement presque unique en refusant pour son fils une abbaye dotée de 20.000 livres, à la seule fin de conserver à cet enfant la libre disposition de son avenir. La Mère de Chantal apporta à son émule le prestige de son renom ; leurs conférences absorbèrent la majeure partie de son séjour à Paris dans l'année 1635. La guerre ne se ralentit pas. Sœur Anne de Jésus comptait des alliés

dont la perfidie la servait mieux que les amitiés augustes ne soutenaient la Supérieure.
Traquée au dehors, minée à l'intérieur, la Mère
Angélique dut s'avouer vaincue. Tant était terrible l'acharnement que le combat menaçait
d'entraîner la chute de l'édifice. Elle préféra
battre en retraite, mais elle entoura son désis-
tement de certaines précautions, par exemple,
elle se fit intimer l'ordre de retourner à Port-
Royal-des-Champs, par l'Archevêque de Paris,
qui affirmait ainsi son pouvoir sur l'Institut.

On donna la succession à la Mère Marie-Ge-
neviève de St-Augustin Le Tardif. Le chancelier de Notre-Dame exécuta le chassé-croisé, il
procéda avec circonspection et saisit l'instant
où les religieuses chantaient complies ; de la
sorte, les commérages furent évités ; — il le
pensait du moins.

Une autre pierre d'achoppement se rencontra :
Sœur Anne de Jésus mena un train du diable ;
elle exécrait la Mère Angélique, d'accord ;
on l'en débarrassait, à merveille ; mais on lui
octroyait une remplaçante... cela à aucun prix.

La Mère St-Augustin Le Tardif arrivait pourtant animée d'intentions conciliantes ; l'estime qu'elle avait pour la Mère Angélique n'excluait point la critique ; volontiers elle attribuait son échec à son caractère entier ; elle était résolue à l'indulgence, et ses directeurs partageaient son avis.

Il fallut en démordre. Les feintes doucereuses, les hypocrites protestations avec lesquelles le clergé s'était laissé berner au point de trahir à la sourdine la Mère Angélique disparurent ; Sœur Anne de Jésus se montra sous son vrai jour, celui qui avait transformé en martyre les trois dernières années de la Mère Angélique.

La Mère Le Tardif, dans son for intérieur, dut faire amende honorable à celle qu'elle avait suspectée d'abus d'autorité.

Quant à elle, elle agit de leste façon : outrée des violences de l'indisciplinée, elle requit la force armée et la jeta à la porte.

L'arbitraire de cet acte s'expliquait : il avait fallu la longanimité de la Mère Angélique pour tolérer les fugues de sa coadjutrice ; les résultats furent désastreux ; Sœur Anne de Jésus, chassée à l'heure où elle se croyait victorieuse, hurla comme une possédée ; la cour et la ville retentirent de ses fureurs. Beaucoup partirent en campagne, de conserve avec elle, sans savoir ni pourquoi, ni comment.

L'opinion publique malmena moins la **Mère Angélique**, retirée sous sa tente, que M. de Saint-Cyran ; il devait être l'instigateur du renvoi, on le transforma en bouc émissaire.

Les griefs inventés dans le principe, afin de lui interdire l'entrée de l'Institut, se rééditèrent un à un, en s'enjolivant : l'abomination de la désolation souillait sa doctrine ; directeur indigne de guider l'âme d'un manant, il confessait un monastère ! Dès l'instant où une Communauté accueillait les élucubrations de ce sectaire, le trône et l'autel étaient en péril.

A entendre les vertueux seigneurs et les chastes dames, diminuer les communions était œuvre damnable entre toutes : régler ces manifestations de leur existence représentative constituait une impiété : osait-on l'exprimer ? le confesseur éloignait ses pénitents de la table sainte...

Excepté que c'était absolument l'opposé, rien n'était plus exact.

M. de Saint-Cyran réprouvait les pratiques de convenance, il n'admettait pas que l'étiquette relevât les chrétiens de leurs devoirs envers Dieu; les traditions à perpétuer étaient selon lui le côté négligeable d'une question d'où le salut dépendait. On lui opposait l'exemple à donner; pourquoi, s'il était mauvais? Quel bien retirer de ce scandale journalier : l'association du sacrement de l'Eucharistie à une vie méprisable ? Sans aller jusqu'à l'indignité, quelle grâce découlait d'actes dont la routine était le mobile ?

Il redoutait l'atrophie spirituelle et la combattait en établissant trois catégories : 1º les fautes contre l'obéissance et la charité; 2º les fautes contre le silence; 3º les fautes d'habitude.

C'était loin des prohibitions qu'on lui prêtait; telles quelles on les qualifia d'exorbitantes. Des traits, sournoisement lancés, le lardèrent. Sachant que la justice ne saurait triompher du parti pris, que certaines discussions tuent les causes qu'elles veulent faire prévaloir, il s'effaça.

A M. Singlin échut l'honneur de le remplacer.

Son onction ramena-t-elle ceux que la rudesse de M. de Saint-Cyran avait blessés? Nullement; l'acrimonie redoubla.

Une enquête fut prescrite, ce qui était grave. Elle tourna, est-il besoin de le dire? à la confusion des calomniateurs.

M. Leconte, chancelier de Notre-Dame, commis par l'archevêque de Paris à une mission qu'il n'abordait qu'en tremblant, se déclara satisfait; Mgr de Meaux s'éclaira pareillement.

Mgr de Paris, en signe d'approbation, voulut s'occuper du règlement de l'Institut; il fixa Matines à minuit; le costume appela son examen. Mgr de Langres, qui avait du penchant pour les couleurs voyantes, vantait le scapulaire écarlate, Mgr de Paris opinait en faveur de la croix rouge rayant le scapulaire blanc.

Ce désaccord souleva une vive discussion;

l'Archevêque de Paris manifesta sa volonté, les religieuses lui obéirent. Flatté de leur déférence, le prélat ne marchanda plus les louanges, édifié qu'il était, d'ailleurs, sur la valeur des attaques.

La Mère Angélique reprit voix délibérative au sein des conseils ; elle plaida pour l'adoption des coiffes unies et des habits simples, rupture totale avec les habitudes d'élégance de Port-Royal.

Les novices applaudirent, le courant généreux les remuait ; une d'entre elles ayant lu les lettres de St Jérôme déclara qu'elle entendait consacrer sa fortune à rebâtir le couvent. La Mère Angélique refusa : « Doucement, dit-elle, on donne à un Ordre, non à un monastère. »

La maison était pourtant malsaine ; sa petitesse força à en acheter une autre ; mais, durant cette période, les religieuses manquèrent d'argent et rentrèrent à Port-Royal. Cette quasi-dispersion de l'Institut (1638) ne désarma point la cabale : M. de Saint-Cyran était l'otage réclamé par l'obscurantisme.

Mis en état d'arrestation, il. fut incarcéré à Vincennes. La Mère Angélique l'assista dans l'adversité, de même qu'il l'avait fortifiée dans ses ébranlements de conscience ; il se servit de son intermédiaire pour correspondre avec la Mère de Chantal. Privé d'encre dans sa prison, on le voit demander une messe à la Visitation dans une missive de la Mère Angélique ; cette lettre fut la dernière officielle échangée entre les Mères : à partir de cette date elles s'écrivirent en cachette sous le couvert de M. d'Aubrai, de Lyon. Dans une de ces pages secrètes la Mère Angélique laisse échapper ce symptôme de découragement : « A quoi sert de se confesser sans cesse, si on ne se corrige jamais ? » Dès 1637, il y avait eu, entre elles, mutuelle explosion :

« Je suis toujours dans mes peines et angoisses
« intérieures, mandait la Mère de Chantal ; je
« parle de Dieu, j'encourage les autres ; aux
« occasions j'en écris comme si je sentais et
« goûtais ce que je dois et cependant c'est tou-
« jours avec dégoût et violence ; cela ne se peut
« dire comme l'on sent (30 sept. 1637.) »

La Mère Angélique lui répondait :

« Je suis malheureuse de la continuation
« de mes infidélités et résistances à la grâce.
« Je souffre que mon esprit ne soit pas vérita-
« blement à Dieu, le trouvant toujours dans
« ses intérêts et ne se faisant jamais une véri-
« table résistance pour se soumettre parfaite-
« ment à Dieu, de sorte que je crois que toute
« ma vie n'est que mensonge et hypocrisie :
« avec cela, une peur affreuse de la mort. »

Une prudence extrême lui était enjointe ;
la haine vouée à M. de Saint-Cyran finissait par
l'envelopper, il fut question de la faire interroger par le commissaire Laubardemont; bien
mieux, de l'enlever.

Mgr de Paris s'interposa ; il défendit la
comparution devant le commissaire, d'odieuse
mémoire, et s'employa à lever des soupçons
dont il savait la fausseté. Une inspection mi-
nutieuse de Port-Royal lui avait attesté la
véracité de cette réponse de la Mère Angélique
à quelqu'un qui lui parlait de ses nombreuses
sœurs:

8

« Mais vous comptez celles qui sont en reli-
« gion ; il ne le faut pas, nous ne sommes plus
« de ce monde. »

Impossible de se séquestrer davantage.
Nommée, par ses supérieurs, Maîtresse des
novices, elle se confinait dans ses fonctions et
passait ses minutes de répit enfermée dans son
grenier ; on lui montait ses lettres à l'aide
d'une poulie, elle assistait à l'office d'une tribune.

Tandis que la rumeur publique entachait
d'hérésie son monastère et que **M.** de Saint-
Cyran souffrait persécution, elle confiait ses
peines à l'abbé Macquet, en ces termes :

« Les Jésuites crient en chaire d'une manière
« étrange contre **M.** d'Ypres (Jansénius), jus-
« qu'à l'appeler un Calvin rebouilli. Il faut
« avoir compassion de ces pauvres religieux
« qui s'oublient si fort. »

Les grandes dames troublaient son recueillement ; elles affluaient ; moitié attirance, moitié
curiosité, elles prétextaient des retraites afin
de garder leurs petites entrées au couvent.

La Mère Angélique déplorait ces intrusions ; elle déclarait à M. d'Andilly dans ce passage concernant la duchesse de Liancourt :

« Nous avons une extrême répugnance aux « entrées des dames dans nos monastères. » En cette circonstance elle n'avait rien à regretter; la duchesse fut une bienfaitrice de Port-Royal, le duc figure au nécrologe. Le cas était exceptionnel ; cette réflexion à M. d'Andilly, inspirée par les versatilités de la princesse de Guéméné, se justifiait trop : « M. de Saint-Cyran dit que « l'esprit malin donne le change à ceux qui se « convertissent du monde à la dévotion. Ce « change n'est autre chose, sinon qu'au lieu des « vrais amusements du monde, on s'amuse à « des discours de dévotion, ce qui est encore « pis, parce qu'on profane les choses saintes « et qu'on croit être dans la vraie vertu, en « étant dans la fausse et la trompeuse. »

Il en résultait ce conseil pratique à Mme de Chazé :

« Au lieu de vous abandonner au scrupule, « supportez le prochain doucement, même les

« fautes de vos serviteurs envers vous et envers
« Dieu, desquelles il vaut mieux lui en deman-
« der pardon pour eux que de les reprendre
« lorsqu'on est en colère. »

Venaient les espoirs déçus. M. Le Maître en
recevait la confidence au sujet de la duchesse
d'Eiguillon qui, après avoir fait vœu d'être religieuse, se livrait aux plaisirs :

« Il faudrait se garder d'oublier les vieilles
« amitiés pour les nouvelles, ni celles qui ne
« nous semblent pas aussi dignes que les autres. »

Cet oubli était pire que la « superbe à humilier » tant recommandée.

Les frivolités vaniteuses importées du dehors
déséquilibraient le cerveau des religieuses.

La Mère Angélique, écrivant à M. Macquet à
l'occasion de la mort de Mme d'Andilly, ajoutait :

« Je vous recommande spécialement dans
« votre messe ses dix enfants et sa fille de treize
« ans que nous avons céans, je crains bien
« qu'elle ne se rende pas telle qu'elle doit ; c'est
« un esprit trop grand, trop avancé, qui fera

« bien du mal s'il ne fait pas du bien. »

L'adolescente méritait cette sollicitude : elle fut la Mère Angélique de Saint-Jean. Si les grandes dames réagissaient fâcheusement sur l'esprit des religieuses, elles recueillaient, en échange, des impressions édifiantes. La fin de Sœur Catherine de Saint-Agnès, fille aînée de M. d'Andilly, plongea dans l'admiration la princesse de Guéméné.

Enlevée dans son sommeil, le visage de la morte respirait une douceur parfaite en dépit de ses cruelles souffrances et de sa frayeur horrible de l'éternité ; ce calme stupéfia Mlle de Gonzague, qui avait été témoin de l'agonie de sa sœur, Mme de Clèves, décédée à vingt ans, abbesse d'Avenay.

Pareil genre d'édification n'était que trop fréquent : en 1641, Mme Arnauld s'endormit dans la paix du Seigneur, entourée de religieuses qu'elle appelait « ses sœurs », bien qu'elle les eût portées dans son sein, veillée par celle à qui elle ne voulait donner que le nom de Mère, et qui était sa fille Angélique.

Son existence se serait-elle prolongée une année encore, Mme Arnauld aurait pu de nouveau intituler son enfant : Mme l'Abbesse.

En 1642, cette dignité revint à la Mère Angélique. L'élection décidant, les prétextes lui manquèrent pour se dérober ; on la maintint douze ans.

Son premier soin fut de renvoyer à Port-Royal-des-Champs la plupart des religieuses ; l'exiguïté de la maison de Paris rendait cette mesure indispensable.

La permission s'obtint, à la condition expresse que les Sœurs ne s'érigeraient pas en communauté particulière, resteraient soumises à la juridiction de l'ordinaire et à l'autorité de l'abbesse dépositaire des pouvoirs de changement et de destitution, et que celle-ci commettrait une religieuse pour la représenter. La Mère Angélique eut donc deux Communautés à gouverner, en place d'une.

Un instant elle caressa l'illusion de retrouver le directeur de son choix : M. de Saint-Cyran venait d'être remis en liberté. Le rayon entrevu s'éclipsa ; au bout de quatre mois, le 11 octobre 1643, la mort ravissait le grand abbé.

Le choc fut brutal ; après le joug de la prison, apercevoir l'espace et tomber foudroyé.

La Mère Angélique tressaillit de douleur ; vainement s'obligeait-elle d'écrire à la princesse de Guéméné :

« Il faut endurer les jugements de Dieu et « reconnaître sa miséricorde de nous l'avoir « donné et laissé jusqu'à présent. »

Son cœur éclatait.

Ces émotions affaiblissaient sa santé ; les médecins la condamnèrent au lait de femme ; la lutteuse indomptable fut soumise au régime des nouveaux-nés. Elle, qui allait tenir en échec les Pères de l'Église, emprunta sa subsistance à une nourrice.

Les forces lui étaient plus que jamais nécessaires ; la tourmente se rapprochait et le cercle qu'elle décrivait se rétrécissait chaque jour.

Elle frappait la famille Arnauld dans son chef actuel, le docteur en Sorbonne.

La veuve de Louis XIII, Anne d'Autriche, régente du royaume durant la minorité de Louis XIV, était hostile à la doctrine de Jansénius, Évêque d'Ypres. Ce prélat avançait cinq propositions contraires à la foi; du moins on l'assurait. Outre la polémique ardente qu'elles soulevèrent, l'existence même de ces cinq propositions dans les œuvres de Jansénius a été révoquée en doute.

Voici la première de ces propositions si bien dissimulées, la seule dont ait parlé Blaise Pascal : « Quelques commandements sont impossibles aux justes, malgré les efforts de leur volonté, avec les forces dont ils disposent présentement, s'ils n'ont pas la grâce qui les leur rend possibles. » Donc, selon Jansénius, à quiconque Dieu refuserait la grâce, le salut deviendrait impossible : cela constituait une véritable hérésie.

La reine crut découvrir l'apologie de l'Évêque d'Ypres dans un livre « Sur la fréquente communion », publié par Arnauld; de là grande colère. La nécessité de se cacher s'imposa à

l'écrivain ; M. de Barcos, neveu de M. de Saint-
Cyran et continuateur de ses principes, partageait son discrédit.

La princesse de Guéméné mit à temps un
asile à la disposition du maître et du disciple ;
la Mère Angélique glorifiait ces victimes de leurs
convictions.

« Je prie N. S. qu'il vous fasse deux olives,
« deux chandeliers dans sa maison. » Écrivant
à Arnauld elle lui disait : « Je suis votre fille,
« votre sœur, votre mère ; toutes, nous sommes
« avec vous, non pas seulement les cinq. »
Ces cinq étaient ses cinq sœurs.

L'exaltation se mêlait à l'enthousiame, lorsque, Arnauld trouvant plus tard l'hospitalité
chez M. Robert, dont les cinq filles se firent
religieuses à Port-Royal, elle s'écriait :

« Vous avez un bonheur que peu d'affligés
« ont d'avoir tant de personnes qui veillent
« pour vous. La divine Providence a voulu
« que votre souffrance ait commencé en ces
« jours de carême, où l'Église célèbre celle de
« N. S. Je dis commencer, parce que je ne sais

« quand elle finira, mais plus elle sera longue,
« plus vous serez heureux. »

Arnauld fit un livre sur la « Tradition de
l'Église », dans le but de disculper la doctrine
émise dans la « Fréquente Communion ».

La reine se scandalisa; à son avis la cor-
rection était plus répréhensible que l'original;
elle jura de faire censurer l'un et l'autre en
cour de Rome.

La Mère Angélique mandait à son frère :
« Je vous estime heureux, voyant clairement
« que Dieu vous prépare une longue souffrance
« par l'horrible opposition que l'on a à la vérité. »
Peu après : « Notre bonne Mère, qui nous a
« commandé en mourant de souffrir et de mourir
« pour la vérité et, à moi, d'être votre mère,
« m'a comme laissé ce tendre amour qu'elle
« avait pour son Benjamin et j'espère qu'elle
« m'obtiendra aussi de Dieu la force, vous voyant
« souffrir d'aussi bon cœur et mourir pour la
« vérité si Dieu vous en rend digne comme elle
« l'a désiré. »

Bientôt les sentiments naturels reprenaient

le dessus : « Je vous confesse ma faiblesse qui
« m'attendrit souvent jusqu'aux larmes, quand
« je pense que, sans miracle, votre vie se pas-
« sera dans de continuelles peines. »

Prévoyait-elle la lutte de cinquante années
qui dura jusqu'en 1694 — autant que la vie
d'Arnauld.

Devinant qu'il lui dissimulait ses périls, elle
voulut s'éclairer et décacheta un billet qu'il
envoyait à M. Singlin et qui avait été trouvé
par M. Hamelin ; une fois accomplie, l'indélicatesse du procédé lui apparut, et elle chercha,
par un aveu, à obtenir le pardon du fugitif :
« Votre lettre m'avait mise en si grande peine,
« sur celle que vous me témoigniez avoir, que,
« pour me soulager, je fis cette faute, croyant
« que vous lui disiez plus ouvertement le sujet
« de votre peine, que j'appréhendais être
« quelque ennui et découragement ; comme je
« vis le contraire, je fus consolée, hormis que
« le regret de ma faute me demeure. Elle était
« grande, en effet, puisque je cherchais à me
« soulager en offensant Dieu et violant votre

« secret. Ce sont là de mes promptitudes, har-
« diesses, impatiences, immortifications ordi-
« naires, tout cela se rencontrant dans une
« action qui ne peut être excusée. »

Le frère persécuté possédait tellement sa
tendresse ; cette phrase était si vraie :

« Je suis toute à vous et à votre cher compagnon ! »

Ce dernier était M. de Saci, associé vers cette
époque aux vicissitudes d'Arnauld.

L'apparition de la seconde apologie de Jansénius et du livre de la Fréquente Communion
redoubla les colères contre l'écrivain. Ses détracteurs pullulaient. La Mère Angélique justifiait les emportements d'Arnauld aux yeux de
M. Macquet : « Vous trouvez sans doute un
« peu d'aigreur dans la seconde apologie de
« M. d'Ypres, c'est l'opinion de plusieurs ; mais,
« beaucoup croient qu'il était nécessaire de re-
« pousser avec force et vigueur ce qu'on avait dit
« avec insolence contre la vérité, que ceux qui
« l'adorent avec amour comme Dieu, duquel elle
« dérive, ne peuvent la défendre avec mollesse

« et que la force, qui donne de la confusion
« aux ennemis de Dieu et de l'Église, n'est pas
« opposée à la charité. Si on avait traité nos
« Pères aussi injurieusement que nous, comme
« on l'a fait à saint Augustin et à M. d'Ypres,
« mais plutôt la grâce de J.-C., nous croirions
« qu'il serait permis de la défendre avec force
« et, comme dit le saint Évêque de Genève, crier
« au loup contre les ennemis de l'Église, car ils
« le sont vraiment et plus dangereusement que
« s'ils l'étaient clairement aux yeux du monde,
« Comme vous avouez que la fausse réputation
« de M. de Vabres (Habert) nuit beaucoup, ne
« faut-il donc pas la lui faire perdre, en faisant
« voir qu'il l'a fort mal acquise et en jouit aux
« dépens de la grâce de N. S. ? »

Elle ajoutait : « Afin que nul n'en reçoive du
« scandale, je vous prie de brûler ce billet à
« l'instant que vous l'aurez lu. Les Jésuites pu-
« blient partout que le livre de la Fréquente Com-
« munion est censuré; il ne l'est pas (1646). »

Au milieu de ces discussions, l'esprit de la
Mère Angélique goûtait quelque repos près de

M. d'Andilly. Hôte de Port-Royal en 1644, l'attrait divin l'y retint et il y planta sa tente ; sa postérité l'imita.

La Mère Angélique put écrire à ce frère, jadis intraitable, touchant la prise d'habit d'une de ses filles et les dispositions des deux autres : « C'est la dixième de notre nom qui se donne « à Dieu dans cette Maison ; je prie Dieu que les « deux qui restent accomplissent la douzaine. »

Nonobstant ses rigueurs envers Arnauld, Anne d'Autriche honorait Port-Royal de sa présence ; pendant l'Avent elle avait coutume d'y faire une retraite. Ce fut probablement dans cette période qu'elle délivra la permission d'adjoindre une Église au monastère de Paris.

Le 22 avril 1646 on jeta les fondements de l'édifice et l'Archevêque de Paris le bénit, le 7 juin 1648.

L'Institut du St-Sacrement, jusqu'alors à l'état rudimentaire, faute d'argent, reçut des dons et la Mère Angélique parvint à l'annexer à sa Maison, ce qui réduisit les dépenses. L'Ordre fonctionna ; un bref du pape l'avait légalisé en 1647,

Une protectrice de haute volée lui fut acquise :
la princesse Gonzague de Clèves, Louise-Marie
de Mantoue épousa par procuration le roi de
Pologne Ladislas-Sigismond IV. Parmi les habi-
tuées qui, du ou contre le gré de la Mère Angélique, fréquentaient à Port Royal, cette princesse
occupait rang à part dans les sympathies de
l'Abbesse ; la droiture de son caractère avait sé-
duit la Réformatrice, elle se plaisait à la compa-
rer à St Louis, qu'elle intitulait son grand-père
quoique la parenté ne vînt que par des alliances
avec la famille de Bourbon et la Maison de France.
La séparation lui coûta lorsque la Royale épou-
sée rejoignit son mari (1646). La marquise de
Guébriant l'escortait et M. de Fleury, docteur
en Sorbonne, l'accompagna en qualité de directeur. On échangea des recommandations
pressantes ; les moindres détails intéressaient
la Mère Angélique ; elle s'enquérait près de la
marquise de Magnelai, pieuse tante du cardinal
de Retz et de Mlle de Lamoignon, mais sa réserve lui interdisait de rechercher des nouvelles
directes ; elle attendit modestement que la reine

commençât la correspondance. Son auguste amie n'eut garde d'y manquer et, tout en s'astreignant à un profond respect, la Mère Angélique lui répondit librement :

« Souvenez-vous, Madame, des pensées de
« quitter le monde que Dieu a données autrefois
« à Votre Majesté pour le désir de le servir et de le
« faire mieux servir qu'il n'était en une maison
« religieuse. Il ne voulait pas renfermer votre
« zèle en si petit lieu, il réservait Votre Majesté
« pour un grand royaume ; Dieu lui demande
« aujourd'hui ce même zèle. Quelque longue
« que soit cette vie, mille ans sont comme un
« jour devant l'Éternel. »

A l'heure de son couronnement à Cracovie (15 juillet 1646), la Mère Angélique invitait hardiment la souveraine à l'humilité : « Qu'en
« recevant une couronne d'or Votre Majesté se
« souvienne de la couronne d'épines, car ces
« honneurs, quoique réels selon le monde, de-
« vant Dieu et en vérité ne sont que comme une
« représentation de comédie pour leur peu de
« durée comparée à l'éternité... Le jour de votre

« couronnement l'Évangile est la parabole du
« XVIe chapitre de St Luc : nous supplions Votre
« Majesté de croire que par un ordre particulier
« de la Providence le couronnement a eu lieu
« ce dimanche afin qu'Elle sache que les rois
« ne sont que les grands Maîtres d'hôtels de
« Dieu. Votre royaume n'est qu'une chétive
« image de son royaume... Nous sommes ses
« plus petites servantes. »

Henri Ier de Bourbon, prince de Condé, père
du grand Condé, d'Armand, prince de Conti,
et d'Anne-Geneviève, duchesse de Longueville,
étant mort subitement le 26 décembre 1646,
l'Abbesse en profitait pour rappeler à la reine
le néant des grandeurs :

« Être le quatrième du premier royaume du
« monde, laisser ce grand rang et dix-huit cent
« mille livres de rentes, amassées avec tant
« d'ardeur que peut-être les a-t-on préférées
« au paradis et, en un moment, ce prince les
« a vues s'abîmer. »

L'obséquiosité n'eut jamais cours dans cet
échange d'affection ; la Mère Angélique même,

pour obliger la souveraine, ne voulait pas
risquer de compromettre les intérêts moraux
de ses religieuses : « Mlle de Lamoignon nous a
« amené la demoiselle que Votre Majesté nous
« envoie d'Amsterdam ; on lui a volé ses bagues
« et Mme sa mère ne lui veut rien donner à
« cause qu'elle est ici contre son gré. Notre
« Maison est trop austère pour ces sortes de
« personnes ; on lui a trouvé une place chez les
« Bénédictines de la Villette. »

Elle initiait la royale amie aux péripéties de
l'Ordre, tenu plus que jamais en suspicion :
« Nous avons reçu depuis deux jours nos
« expéditions de Rome pour être Filles du
« Saint-Sacrement ; nous sommes toujours
« dans la disgrâce de la Reine. Nous vous avons
« envoyé quatre exemplaires de la Fréquente
« Communion par M. de La Verrerie parce que,
« à l'hôtel de Nevers, M. Moulin (1) les re-
« fuse ; une dame en ayant envoyé en Savoie,
« à Lyon on défit le paquet, et on le refit avec
« des livres contre. »

(1) Correspondant de la Reine de Pologne à Paris.

L'indignation que lui inspiraient les calomnies perce dans ce billet :

« On mandera à Votre Majesté que nous ne
« croyons plus à la pénitence et à l'Eucharis-
« tie et que nous ne prions ni la Ste Vierge
« ni les Saints; le chapelet de la petite grille
« dément cette médisance. »

Suivent deux lignes éloquentes dans leur laconisme :

« M. l'abbé de Saint-Cyran (de Barcos) a été
« fait prêtre et est toujours persécuté. »

Du chef, l'animosité descendait aux soldats; la Mère Angélique donnait des détails sur la fantastique armée attribuée à Arnauld :

« On veut chasser nos Messieurs de Port-
« Royal-des-Champs, parce qu'ils seraient qua-
« rante ou cinquante assemblés pour une héré-
« sie. Ils se réduisent à dix : deux prêtres fort
« simples (un seul résidait à Port-Royal) pour
« les messes, mon frère d'Andilly et mon neveu
« Le Maître, qui ne font que traduire la Vie
« des Saints, un médecin (M. Pallu), un chi-
« rurgien (M. Moreau), qui font la charité aux

« malades des pays délaissés ; deux autres vieil-
« lards paralytiques (l'un des deux mourut le
« 16 septembre de la même année) qui étudient,
« quatre enfants et deux autres, dont le fils de
« mon frère, qui a été page du cardinal Riche-
« lieu, et un gentilhomme huguenot converti.
« Jugez combien ils sont redoutables ; c'est ce
« qui doit vous montrer combien les souverains
« sont obligés de veiller pour ne pas se laisser
« surprendre par les calomniateurs et s'infor-
« mer avant d'agir contre les accusés. »

Elle fécondait le malheur en y puisant des
enseignements à l'usage de la reine, surtout
en ce qui touchait la charité :

« Nous sommes inondés de misérables anglais
« et écossais ; ceux qui peuvent remédier à tant
« d'affligés, par le retranchement de superfluités,
« sont criminels de ne pas le faire. »

Ce qu'elle paraphrasait dans une démonstra-
« tion à la princesse de Guéméné :

« Tous ceux qui ne donnent pas aux pauvres
« ce qu'ils doivent sont des voleurs envers Dieu ;
« nous, ce sont les superfluités qui nous ren-

« dent larronesses devant Dieu, puisque notre
« vœu nous oblige à la pauvreté. »

Sans ambages, elle disait à la souveraine :
« Nous avons appris avec joie que Votre Ma-
« jesté a fait écrire à Mlle de Lamoignon, afin
« d'avoir de bonnes Filles pour servir les pau-
« vres malades et mettre ordre aux hôpitaux
« qui sont mal réglés. C'est pour cela que Dieu
« vous a fait reine ; l'élévation, par les abus
« qu'on en fait, ne sert qu'à se rendre l'objet de
« l'ire de Dieu. »

Ces paroles, sévères pour des oreilles roya-
les, s'acceptaient. Il aurait fallu être triplement
sourde pour méconnaître la tendresse qu'elles
renfermaient, surtout quand cet aveu s'y joignait : « Il m'arrive assez souvent de prendre
« la plume, de la quitter et de m'en aller,
« au lieu d'écrire, prier Dieu pour Votre
« Majesté. »

Quelle hâte affectueuse à signaler les accal-
mies :

« Nous reçûmes hier l'habit du St Sacrement.
« Votre Majesté se réjouira, puisqu'elle désirait

« qu'il y eût des âmes et une Maison en l'honneur
« de ce saint mystère.

« M. l'Official nous donna l'habit et une belle
« exhortation; M. Singlin, d'admirables, pen-
« dant quarante jours. L'Évangile de la clôture
« était celui des invités aux noces, et l'épître
« de St Paul : Soyez renouvelés et soyez re-
« vêtus du nouvel homme.

« Nous n'avons point changé notre règle de
« Saint Benoit... Nous avons reçu l'habit du
« St-Sacrement qui est un scapulaire blanc avec
« une croix rouge dessus. Il y a de bons curés
« qui établissent le respect du Saint Sacrement,
« de sorte que, lorsqu'on le porte, il y a cinq ou
« six cents personnes avec des cierges ; ce n'est
« pas grand'chose à l'égard de Dieu, qui veut
« être honoré en esprit et en vérité, ce qui ne
« peut se faire que par ceux qui ont la vraie
« charité. »

Les décors ne l'illusionnaient point; bientôt
elle reprend :

« On fait des calomnies horribles à la reine

« qui croit tout : c'est merveille si, enfin, elle ne

« nous persécute. »

Port-Royal-des-Champs allait reconquérir la

Mère Angélique : « Nous espérons aller à

« notre Maison des Champs pour y honorer le

« Saint Sacrement et imiter les religieuses de

« notre Ordre, il y a plus de quatre cents ans,

« qui étaient d'une grande vertu. »

L'éclat factice achevait de la dégoûter de

Paris : « Nous espérons aller à Port-Royal-des-

« Champs fin février (1647), ne pouvant plus

« souffrir Paris et le monde, quoique je ne le

« voie plus, ne bougeant ni de ma chambre ni de

« mon lit. »

L'excursion s'effectua. « On nous a permis

« d'aller à Port-Royal-des-Champs voir nos

« réparations. Nous avons trouvé les choses très

« bien disposées, mais elles ne pourront être

« achevées avant la fin de l'année ; cependant,

« Dieu y est toujours mieux servi qu'il ne le

« sera parmi nous ; c'est une merveille de voir

« le silence, la modération, la dévotion même

« des valets qui nous préparent les lieux avec une

« aussi grande affection que si c'étaient des
« anges qu'on attendait. »

Une bénédiction spéciale marqua la rentrée à
Paris : « Ma sœur Anne de la Nativité, vieille
« veuve de Rouen, a attendu dix-neuf ans que
« la maison du Saint-Sacrement fût établie; elle
« fera demain sa profession avec une des filles
« de M. Robert (1648). »

Malheureusement la monomanie de l'hérésie
affolait Anne d'Autriche; on l'excitait en lui
répétant qu'elle ressemblerait à l'empereur
Claude V. « On colporte que nous adorons le
« soleil, probablement parce que notre Église
« est tournée à l'Orient, ce qui est la règle que
« l'on avait abandonnée, » explique la Mère
Angélique, que l'injustice ne détachait point de
la famille royale :

« Notre petit roi (Louis XIV, âgé de neuf ans)
« est en grand danger de la petite vérole. On
« ne dira pas à Votre Majesté qu'on l'a mis dans
« le péril par des recettes que l'on a mises sur
« son visage hier, pour empêcher qu'il ne soit
« marqué, qui fait voir l'horrible vanité du

« monde : hasarder une personne sacrée pour
« une vaine beauté. »

Les alertes au milieu desquelles se consu-
mait sa vie n'émoussaient pas sa sensibilité :
« La cherté du bled nous menace d'une grande
« famine, le bled manque aussi en Pologne ; nos
« Hermites iront en pèlerinage à Notre-Dame
« de Chartres pour Votre Majesté. Je lisais avec
« ravissement ce que sainte Élisabeth, duchesse
« de Thuringe, avait fait en cette occasion; je
« prie Dieu qu'il fasse la même grâce à Votre
« Majesté. »

A coup sûr, ce n'était point la reine de France
qui reproduisait la poétique légende : son courroux l'aveuglait. En 1648, la paroisse Saint-Merri
possédait deux curés : M. Amyot, moliniste fer-
vent, et M. Du Hamel. Le père des Mares, invité à prêcher le carême, débuta le jour de la
Purification; Anne d'Autriche lui défendit de
continuer. On se demanda qui la poussait :
non point assurément l'Archevêque de Paris,
qui était satisfait du sermon, ni Mazarin. Le
cardinal représenta même à la Régente que

cette affaire faisait bruit, ce qui lui attira cette rebuffade : « Je sais ce que je fais. »

Immédiatement M. Singlin fut menacé. Il ne prêchait jamais dans les paroisses; la Mère Angélique y insiste près de sa Correspondante : « Vous savez que ces personnes (Arnauld et « autres directeurs de Port-Royal) craignent « beaucoup de s'ingérer et de prévenir Dieu, « au lieu qu'on doit le suivre. On fait croire à « la reine que dans une maison de M. des « Touches (Pelletier), qui est un jeune homme de « vingt-sept ans, lequel a beaucoup de bien et « n'en réservant pour lui que ce qu'il faut pour « vivre, donne le reste aux pauvres du faubourg « Saint-Marceau dans lequel il demeure avec un « jeune homme, neveu de M. de Saint-Cyran et qui « étudie, on a fait croire qu'il y avait quarante « hommes nourrissant l'hérésie. D'une autre « maison, où l'on a mis les petits enfants qui « étaient à Port-Royal-des-Champs, au nombre « de onze, avec cinq bons jeunes hommes qui « les instruisent, dont deux bacheliers en « Sorbonne (Nicole et Wallon de Beaupuis),

« M. Lancelot que Votre Majesté a vu notre sa-
« cristin et deux autres, que c'était une commu-
« nauté, qu'ils ne sortaient point, qu'ils étaient
« habillés tous d'une couleur, qu'ils avaient
« une chapelle et s'appelaient les Petits Frères
« de la Grâce. On a envoyé M. le lieutenant
« civil dans les deux Maisons, et il a été fort
« surpris de trouver tout faux. M. le curé de
« Saint-Merri prêche à la place du père des
« Mares et il y a foule. »

Cet engouement irrita Anne d'Autriche; sachant que M. Singlin assistait Mme de Guéméné
dangereusement malade, elle s'écria : « Je ne
voudrais pas mourir entre ses mains; » et sa
dame d'honneur, appuyant sur la chanterelle,
déclara :

« Il est séparé de la communion de l'Église. »
La Mère Angélique relatait ainsi la maladie de
la princesse : « Mme de Guéméné tomba malade
« de la fièvre continue que son médecin appela
« une fiévrote de quatre jours ; le treizième elle
« est à la mort : M. Singlin n'en bouge.

« Votre Majesté sait pourquoi nous craignons

« la mort pour cette dame ; cependant, dès le
« lendemain de sa conversion, elle disait : Tout
« le monde n'est que niaiserie, bagatelle, pur
« néant ».

A la Mère Angélique revenait l'honneur du
détachement de sa catéchumène, car elle ne cessait de lui répéter : « Il n'y a d'autres moyens
« de parvenir à la perfection que les croix. Dieu
« vous en envoie, mais aussi des grâces. » Afin
de séparer la noble pénitente de l'Abbesse on
permit le séjour des religieuses à Port-Royal-
des-Champs.

CHAPITRE IV

La Mère Angélique retourne à Port-Royal-des-Champs. —
La Fronde éclate. — Zèle déployé par les Messieurs. —
La Mère Angélique donne l'hospitalité à Paris et aux
Champs à nombre de communautés malheureuses. — Elle
prend hautement la défense de son Ordre et réclame la
protection de l'Archevêque de Paris.

La Mère Angélique raconte l'installation
comme il suit : « Nous arrivâmes sept Professes
« de chœur et deux converses le 13 mai (1648).

« Les Hermites, qui occupaient nos bâtiments,
« nous reçurent en grande joie, chantèrent un
« *Te Deum*, nous quittant la place de bon cœur.
« Ils ont loué une maison à Paris, mais mon
« neveu et quelques autres se sont retirés dans
« une ferme au-dessus de la montagne. Je m'y
« porte si bien que j'en suis tout étonnée, je ne
« songe pas s'il y a un Paris au monde... J'ai
« peur qu'on ne me laisse guère ici à cause des

« sables parce qu'on s'imagine qu'il y fait plus
« chaud qu'à Paris. »

L'établissement, définitif pour les religieuses,
ne fut que temporaire pour elle ; juin la revit à
Paris, mais le motif était heureux : l'Archevêque de Paris consentait à inaugurer l'Église
du Saint-Sacrement. L'incertitude à ce sujet
avait régné longtemps : « Lorsqu'on mit la pre-
« mière pierre Monseigneur ayant permis d'en-
« trer dans notre réfectoire, où il y a sur les
« murs des sentences de la Sainte Écriture,
« on alla dire que c'était comme au temple de
« Charenton. »

La solennité fut très belle : « Monseigneur
« a permis qu'on portât le Saint Sacrement à
« notre procession dans le cloître ; il n'y entre
« que des prêtres revêtus d'habits d'Église. »

La satisfaction de la Mère Angélique était
grande, l'expression de sa joie tomba à faux
près de la Reine de Pologne ; le malheur venait
de s'abattre sur la royale amie.

Les mille six cent soixante-six *Paters* en
l'honneur des plaies de Notre Seigneur Jésus-

Christ, que les religieuses avaient entrepris de
réciter pour elle, ne l'avaient point préservée
de l'adversité ; après deux ans de mariage,
Ladislas IV était mort, le 29 mai, à cinquante
et un ans onze mois onze jours ; c'était un
prince pieux, vaillant, amateur de justice.

« Je vois que Dieu a voulu que les saintes
« illustres, et notamment les princesses, aient
« consommé leur sainteté dans la viduité, »
écrivit la Mère Angélique.

Elle espérait que, revenant à ses inclinations
premières, la reine, à défaut de sa virginité,
consacrerait au Seigneur sa viduité ; c'était
décider trop vite.

Un vif déplaisir atteignit bientôt la Mère
Angélique : ses pouvoirs furent prorogés de
trois ans : « Obligez-moi de saluer les Frères
et Sœurs de Port-Royal-des-Champs, puisqu'ils
se félicitent de me voir dans le péril, » écrivait-
elle ironiquement à la Prieure, la Mère Magdeleine de Sainte-Agnès de Ligne (4 octobre
1648). Elle tremblait de mal remplir sa mission : « Nous sommes très affligées de la plus

« jeune des filles de M. de Bagneuls, laquelle
« étant tombée de sa hauteur, il l'a fallu tré-
« paner ; nous croyons qu'elle ne passera pas
« le jour ; cela me fâche tellement que si je me
« laissais aller à tous mes sentiments humains,
« je crois que je rendrais tous nos enfants.
« M. son père lui a obtenu d'être confirmée par
« M. le Coadjuteur. »

Les courriers de Pologne se firent rares,
ce qui accrut ses préoccupations ; une lettre,
adressée à la reine au mois de décembre, donne
un aperçu sur la manière dont on était informé au couvent, des affaires de l'étranger : « Je
« ne puis dire à Votre Majesté combien ont été
« grandes les peines dans lesquelles nous avons
« été de son veuvage et de sa maladie ; pour
« nous les accroître, on nous avait dit que les
« Polonais avaient perdu une grande bataille
« contre leurs ennemis et que Votre Majesté
« avait couru fortune d'être prisonnière, qu'elle
« était contrainte de quitter Varsovie, toute
« malade, pour se retirer plus loin en place
« plus forte. Une lettre que M. de Fleury nous

« fit la charité de nous écrire, le 14 octobre,
« nous a tirées d'une partie de ces peines, nous
« affirmant que votre Majesté était sans fièvre
« et que les États étaient assemblés pour l'élec-
« tion d'un roi. Comme il ne nous parle point
« de ce mauvais succès de guerre, nous avons
« cru qu'il était faux. J'ai eu un si grand mal
« qu'on croyait que j'en devais mourir le qua-
« trième jour, s'il ne se fût arrêté le troisième.
« J'étais toute assoupie. Je suis très faible,
« mais ne sentant aucune douleur ; c'est un
« défaut de nature qui me conduira à ma fin.
« M. Arnauld est caché ici, qui nous confesse. »

Ici, était Port-Royal-des-Champs, où elle
avait repris ses quartiers d'hiver; aussi le 1er
janvier 1649 souhaitait-elle en ces termes re-
marquables la bonne année à la Communauté
de Paris, par l'entremise de sa Prieure, la Mère
Agnès : « Supprimant mes petites lumières, je
« les réduis à une, qui est que Dieu leur fasse
« la grâce de changer l'ardeur et l'avidité que
« l'on a d'entendre les vérités, en celles de les
« pratiquer ; et qu'au lieu de faire des extraits

« et des discours, on marque plutôt la pratique
« qu'on en désire faire en gémissant devant
« Dieu, afin d'obtenir la grâce sans laquelle
« toutes nos connaissances ne nous rendraient
« que plus criminelles. »

Sur ces entrefaites la Fronde éclata ; la Mère Angélique envoyait ces détails à la sœur Geneviève de l'Incarnation Pineau, cellérière à Paris : « C'est une chose horrible que ce pauvre
« pays, tout y est pillé, les gens de guerre se
« mettent dans les fermes, font battre le bled
« et n'en veulent pas donner un grain aux
« pauvres maîtres qui leur en demandent par
« aumône pour mettre au moulin. On ne
« laboure plus, car il n'y a plus de chevaux :
« tout est volé. Nous nous passerons à des pois
« et du laitage, et nous serons bien heureuses
« si on nous les laisse. J'ai trouvé une invention
« pour le potage des pauvres : je prends, au lieu
« du boisseau qui vaut 50 sols, un petit mou-
« toneau, des fressures et des triboulets, qui ne
« coûtent pas tant. Je fais cuire la viande, puis
« on la retire, on la hache par petits morceaux

« et on coupe aussi le pain fort menu. On fait
« encore bouillir tout cela un bouillon, après
« que les choux, que l'on a mis lorsqu'on a tiré
« la viande et rempli d'eau la chaudière, sont
« cuits. Les fêtes de Noël et hier, à cause du
« temps, j'ai fait faire dix à douze sceaux de la
« sorte. Mais on y met pour 40 sols de pain,
« aussi il y en a pour quinze personnes, qui
« n'ont rien autre chose. Nous avons des ma-
« lades, il n'y a point de mal pareil à celui
« qu'ils souffrent, puisque ce sont tous les
« maux ensemble. Nous sommes toutes saines
« et gaies, il n'y a que les misères des pauvres
« qui nous affligent ; Dieu veut nous apprendre
« à vivre en pauvres, nous serons heureuses
« s'il nous fait la grâce de bien recevoir la
« leçon ; je ne trouve point de mal semblable à
« celui des pauvres religieuses qu'on renvoie
« chez leurs parents. Si nous étions réduites à
« coucher dans les bois, comme les paysans,
« qui se trouvent heureux d'y avoir retraite
« pour éviter d'être assommés, je ne sais com-
« ment nous pourrions les porter. Il y a ici

« autant de famine qu'à Paris et, de plus, la
« vexation des gens de guerre. »

Bien terribles les soudards, plus encore aux
abords des villes qu'en rase campagne.

Port-Royal de Paris était situé dans le faubourg Saint-Jacques ; les religieuses valides
durent se replier dans le centre ; dirigées par
la Mère Agnès elles se transportèrent, le 11 janvier 1649, dans une maison appartenant à
M. de Bernières.

« Je crois que vous devez garder une rigueur
« jusqu'à l'extrémité, » prescrivit la Mère Angélique, troublée de cette infraction à la clôture ; « que l'on ne sorte point de ses chambres,
« qu'il ne soit point permis de parler aux
« Sœurs, si ce n'est, tout au plus, des pères
« et des mères, et cela en un seul lieu, avec
« des compagnes bien choisies. »

Le couvent abandonné avait été confié aux
soins des religieuses impotentes, à la tête desquelles demeurait la Mère Marie des Anges
Suireau ; Port-Royal-des-Champs s'ingéniait à
lui expédier de la farine ; les Messieurs accom-

plissaient le trajet à leurs risques et périls :
« Nos bons frères viennent de revenir heureu-
« sement, annonçait le 20 janvier la Mère An-
« gélique, mais ils ont rencontré des personnes
« qui ont été volées. J'ai promis à Dieu de dire
« ou de faire dire cinquante mille fois le *Glo-
« ria Patri* en actions de grâces. »

Aussi repoussait-elle avec énergie toute su-
perfluité ; la Sœur Geneviève de l'Incarnation,
croyant devoir envoyer des cierges à l'occasion
de la Chandeleur : « Ne vous mettez pas en
« peine, » disait l'Abbesse, « il nous faut prier
« que Dieu nous donne sa lumière intérieure,
« qui vaut mieux que l'extérieure. »

Le théâtre de la guerre se déplaça et les
faubourgs redevinrent habitables ; le 10 mars
1649, les magistrats en robe allèrent chercher
les religieuses chez M. de Bernières et les ra-
menèrent à Port-Royal de Paris. Les pillards
avaient dévasté le couvent ; la charge retomba
sur Port-Royal-des-Champs.

« Nous ferons ce que nous pourrons pour
« vous louer un cheval, qui vous portera le

« reste des habits, car nos chevaux et l'âne sont
« morts, » répondait à des demandes de secours la Mère Angélique, écrasée de réquisi-
tions de guerre, envahie par les nonnes de Gif,
qui, d'un château aux environs de Chartres,
s'étaient réfugiées près d'elle. Suit la descrip-
tion de la Communauté : « C'est grande pitié
« que toutes nos misères ; la guerre est un hor-
« rible fléau ; c'est merveille que toutes les
« bêtes et les gens ne soient pas morts d'avoir
« été si longtemps enfermés les uns avec les
« autres. Nous avions les chevaux sous notre
« chambre et vis-à-vis, dans le Chapitre, et dans
« une cave il y avait quelque quarante vaches
« à nous et aux pauvres gens ; la cour était toute
« pleine de poules, de dindons, cannes et oies
« dehors et dedans et, quand on ne les voulait
« pas recevoir, ils disaient : prenez-les pour
« vous si vous les voulez, nous aimons mieux
« que vous les ayez que les gens d'armes. Notre
« Église était si pleine de bled et d'avoine, de
« pois, de fèves, de chaudrons et de toutes
« sortes de haillons qu'il fallait marcher dessus

« pour entrer au chœur, lequel était, au bas,
« rempli des livres de nos Messieurs. De plus,
« il y avait dix ou douze Filles qui se sont
« sauvées chez nous ; toutes les servantes
« étaient au dedans, les valets au dehors, les
« granges étaient pleines d'estropiés, le pres-
« soir et les lieux bas de la basse-cour étaient
« pleins de bêtes ; enfin, sans le grand froid, je
« crois que nous eussions eu la peste ; d'ailleurs
« le froid nous incommodait, car notre bois
« ayant manqué, on n'osait en aller quérir
« dans les bois. Nous n'en étions pas en un
« sens plus tristes, la misère des gens logeant
« dans les bois nous faisait voir que Dieu nous
« faisait trop de bien. » Ses scrupules lui
reprochaient de souffrir proportionnellement
moins, elle, vouée à l'indigence, que les indigents : « Je me plains véritablement de ce
« qu'on nous est plus libéral qu'aux vrais
« pauvres, disait-elle à M. de Bernières ; ils
« souffrent la pauvreté sans l'avoir vouée et,
« au contraire, nous qui l'avons vouée, nous ne
« la souffrons jamais, n'en étant pas dignes. »

Mais sa santé n'était point à la hauteur de son courage ; les jours où elle mandait à la marquise d'Aumont : « La fièvre quarte vous salue, » comptaient entre les meilleurs, parce que la surexcitation fébrile créait un semblant de vigueur. Son état habituel était celui décrit dans cette lettre à M. Maquet (mai 1649) : « Ma « vie n'est plus qu'une langueur, quoique je ne « demeure pas au lit et n'ai point de fièvre, « mais je défaus peu à peu. On m'a donné depuis « cinq mois une nourrice, ce qui m'a un peu « fortifié le poumon que j'avais si faible que « je ne pouvais plus parler. De plus, je désire « toujours la vie appréhendant toujours la « mort. »

Ajoutant à ces tristesses, l'interdit vint frapper M. Singlin ; l'Archevêque de Paris prit sa défense. Quels accents respectueux la Mère Angélique trouve pour le remercier ! (septembre 1649) : « Lorsqu'on a ému toutes les puis- « sances de la terre contre nous, cela m'a peu « touchée, voyant que votre bonté paternelle « nous était favorable et ne donnait point

« croyance à ce qu'on lui disait à notre désa-
« vantage. Tant de gens d'honneur, de science
« et de probité peuvent rendre témoignage de
« ses sermons, j'espère que vous les croirez
« plutôt que les personnes mal affectionnées qui
« ont voulu vous surprendre. » Au printemps
précédent une grosse nouvelle avait occupé
Port-Royal : la reine de Pologne épousait en
secondes noces Jean-Casimir, frère et successeur du roi Ladislas.

Cette union était-elle pour plaire à la Mère
Angélique ? Certes non ! elle tenait la viduité
en trop grand honneur et les circonstances
qui accompagnaient ce second mariage frois-
saient ses convictions. Jean-Casimir était Cardinal ; consacré à l'Église dès sa jeunesse, il appartenait à l'état ecclésiastique. Son avènement
au trône ne fut rendu possible qu'en raison des
difficultés au milieu desquelles se débattait la
Pologne ; le royaume allait à la dérive et une
impulsion masculine pouvait seule le sauver ;
le pape Innocent X prit en considération ses intérêts ; il accorda à Jean-Casimir les dispenses

ayant trait à l'abandon des ordres et l'autorisa
à contracter mariage avec sa belle-sœur.

Les Canons de l'Église étaient saufs ; la Mère
Angélique les trouva insuffisamment respectés.
D'un temps d'arrêt dans sa correspondance, il
ressort qu'elle dut risquer quelques observa-
tions, tout au moins s'enfermer dans un silence désapprobateur. Elle expédiait des nouvelles grâce à l'intermédiaire de M. de Fleury et
ne parlait que des affaires publiques : « L'an-
« née est si misérable pour le manque de bled qu'il
« vaut douze écus le septier ; il nous en faut,
« pour nous et nos pauvres, pour cent écus
« par semaine. On donne espérance qu'il en
« viendra en quantité de Pologne, nous l'atten-
« drions pour notre provision, afin de l'avoir à
« un prix raisonnable. Si cela n'était point, s'il
« va renchérir, dites-le nous. » C'est M. de Fleury
qui fut chargé d'apprendre à la reine que l'interdit de prêcher était levé pour M. Singlin et
que l'Archevêque de Paris avait voulu assister à
son sermon. Ceci se passait en 1650 ; peu après,
l'amitié l'emporta et on retrouve la Mère An-

gélique écrivant à la souveraine : « Nous avons
« été en grande peine plusieurs mois de n'avoir
« point de vos nouvelles ni réponses aux lettres
« de vos petites servantes. Votre Majesté veut
« établir dans son royaume des Filles de sainte
« Marie. Je lui conseille des Filles du monastère
« d'Annecy, en Savoie, où l'Ordre a commencé
« et où plusieurs Filles encore vivantes ont été
« instruites par le bienheureux Évêque (St Fran-
« çois de Sales) et leur sainte Mère, Mme Fré-
« miot de Chantal. M. de Fleury nous a dit
« l'heureux succès des armes du roi, le bon
« état de Votre Majesté et la bonté et généro-
« sité avec lesquelles elle défend les morts et
« les vivants. »

En effet la reine prenait chaudement le parti
des disciples de Saint-Cyran entre les Jésuites ; à ce mérite, elle joignait celui d'une inta-
rissable bienfaisance : « M. de Fleury nous a
« mandé la libéralité de bled que Votre Majesté
« faisait aux pauvres de Port-Royal, elle change
« leurs cris de douleur en cris de joie, » s'écriait
la Mère Angélique. Quelque vive que fût sa

gratitude, sa reconnaissance ne descendait pas
à l'adulation. Complimentant la Reine sur sa
prochaine maternité : « Votre Majesté regar-
« dera le prince qu'elle attend plus comme
« chrétien et enfant de J.-C. que comme fils de
« roi et de Votre Majesté et elle le désirera plus
« grand dans le ciel que sur la terre, » disait-
elle ; en même temps elle modérait les écarts
d'une dévotion exagérée : « Votre Majesté
« souhaite que Dieu prenne son enfant après le
« baptême plutôt qu'il perde la grâce : il faut
« que Dieu le conserve et que Votre Majesté
« en ait un soin perpétuel. »

Exhortation dont la sagesse se double quand
on la met en regard de ces paroles, adressées
à M. de Bernières, à l'occasion de la mort d'une
de ses filles : « La connaissance que vous avez
« de la très grande corruption du monde doit
« vous faire bénir Dieu mille fois d'en voir
« sortir vos enfants avant qu'ils aient pu en
« être entachés et je crois qu'à un homme
« qui craint Dieu comme vous par sa grâce, il
« ne saurait arriver une plus véritable joie

« dans le fond de l'esprit, quoique la nature et
« la chair qui ne peuvent s'élever jusqu'à Dieu
« souffrent beaucoup. »

Tels étaient les sentiments vrais de la Mère
Angélique; elle les communiquait au Maître
des Requêtes pleurant sa fille; elle eût trouvé
cruel de les exprimer à une mère attendant un
fils. Le prince en question fut une princesse et
naquit en septembre 1650. La Mère Angélique
félicita l'auguste accouchée : « Votre grandeur
« ne vous a pas empêchée de souffrir les cui-
« santes douleurs des femmes, pas plus que
« votre qualité de reine ne vous dispensera de
« lui rendre compte un jour. »

Port-Royal s'éprit de la nouvelle née : « Ma
« Sœur Catherine de Saint-Jean, qui a tou-
« jours la fièvre quarte, voudrait une fois em-
« mailloter la petite Altesse. »

Dans son pieux enthousiasme, la reine consacrait déjà l'enfant à la vie religieuse ; la
Mère Angélique tempérait cette ardeur préma-
turée et s'efforçait de tourner ce zèle excessif
au profit général; elle félicitait la souveraine

d'apaiser les discordes parmi les Grands et lui recommandait, vu son état, de faire délivrer les prisonniers pour dettes et de leur donner de quoi gagner leur vie. En concluant elle disait : « Je vous supplie d'excuser les brouilleries de « cette lettre, ma vieillesse m'ôte la capacité de « mieux faire. »

Les chagrins martelaient son cerveau : après la mort de M. Pallu, médecin de l'abbaye, elle eut à déplorer la perte de son neveu de Séricourt.

Précédemment, elle lui avait écrit : « Je ne « pense jamais à votre état présent que je ne « me souvienne de celui où je vous envisageais, « avec tant de douleur, parmi les morts de « Philisbourg et où vous étiez réellement mori- « bond dans l'autre ville et plus malade dans « l'âme que dans le corps. » De cette maladie à laquelle sa tante fait allusion, M. de Séricourt était guéri depuis tantôt treize ans ; il avait renoncé au métier des armes et s'était converti à l'existence cénobitique qu'il menait à la plus grande édification des siens, de concert avec

son frère aîné, M. Le Maître. La mort l'enleva
le 4 octobre 1651. La Mère Angélique, pénétrée de ses vertus, voulut lui rendre un dernier
hommage; elle vint à Paris assister à ses funérailles.

Un deuil, cruel entre tous, l'y attendait : M. de
Séricourt ne précéda sa mère dans la tombe
que de trois mois; or, cette morte était Mme Le
Maître, l'ange tutélaire des jeunes années d'Angélique, la confidente de son cœur.

Entrée en religion dès son veuvage, Mme Le
Maître avait servi le Seigneur sous le nom de
Sœur Catherine de Saint-Jean.

Avant de se reformer au ciel, la famille Arnauld, mieux prête ainsi à répondre à l'appel
suprême, se serrait au pied de la Croix; les
sœurs entraînaient les sœurs, les nièces rejoi-
gnaient leurs tantes, les frères méditaient côte
à côte dans la solitude, les mères voyaient le
fruit de leurs entrailles sanctifié par les grâces
du sacerdoce; Mme Le Maître quitta cette terre,
ointe des saintes huiles par son fils l'abbé de
Saci; sa dépouille mortelle fut inhumée à Port-

Royal, près de l'Ermite Séricourt, auquel sa douleur maternelle n'avait pu survivre.

Ceux-ci, du moins, goûtaient le repos qui toujours fuyait la Mère Angélique. Prorogée dans son triennat à l'abbaye des Champs, Port-Royal de Paris l'avait élue à son tour, et la voulant accabler d'honneur l'écrasait de charges.

Deux cent vingt-huit personnes à commander, tant au dedans qu'au dehors, représentaient un vrai gouvernement, avec des rouages compliqués et des heurts perpétuels.

Le pardon des injures était de chaque minute; la Mère Angélique avait le droit de le prêcher à la reine de Pologne, qui était indignée contre une suivante dont l'étourderie avait mis en danger sa petite princesse. « Il importe de vaincre ses aversions et d'absoudre, » lui répétait-elle.

Elle fut écoutée, la coupable conserva sa place, et son neveu reçut un office au palais. On comprit pareillement l'Abbesse lorsqu'elle écrivit :
« Monseigneur l'Évêque d'Auxerre a dit à la
« Mère Agnès que, si vous perdiez votre procès,
« vos créanciers en souffriraient, » car ces deux

lignes se glissent dans une lettre ultérieure:
« Bien que nous ne nous mêlions pas des af-
« faires des séculiers, je dis à Votre Majesté
« qu'elle n'aura pas regret d'avoir payé plus
« qu'elle ne devait aux hommes. » La Pologne
était malheureuse; les Cosaques la ravageaient
et en 1651 les Turcs s'unirent à eux. Sacro-
sainte aux yeux des catholiques, cette guerre
contre les Infidèles. Il y eut explosion de
triomphe quand le bruit se répandit que le 30
juin Jean-Casimir, à la tête de cent mille Polonais, avait battu trois cent mille Tartares et
Cosaques. La Mère Angélique envoya à la reine
le livre sur l'Aumône, de Saint-Cyran : ce furent
ses félicitations. A cette éloquente leçon de reconnaissance, elle ajouta ces mots: « Que Votre
« Majesté se souvienne qu'il faut rendre deux
« fois autant de grâces à Dieu pour une grâce
« reçue qu'on avait employé pour la demander
« et en faire une reconnaissance à l'anniversaire
« et le jour du mois et de la semaine. »

Saint-Cyran continuait à parler par sa
bouche.

Au mois d'août, Dieu rappela à lui la petite princesse de Pologne, mais il plaça la consolation auprès du désespoir : la reine espérait une seconde maternité. Devinant la faiblesse humaine, qui trouve l'allégement dans le spectacle des maux endurés par le prochain, la Mère Angélique s'étend, près de son amie affligée, sur les malheurs des Luynes. La duchesse, étant accouchée de deux jumeaux, mourut le 12 septembre 1651; quatre jours après, les nouveaux-nés, fille et garçon, succombèrent à la fièvre quarte; la duchesse fut enterrée entre eux à Port-Royal, où ses filles recevaient leur éducation. Le duc se livra à un violent chagrin. Écoutons la Mère Angélique:

« M. de Luynes songe à se faire prêtre de
« l'Oratoire; il est à Port-Royal avec les Her-
« mites en attendant la maison qu'il fait bâtir.
« Il était résolu de s'y retirer avec Mme son
« épouse et d'y vivre tous deux comme saint
« Paulin et sainte Thérasie; il a choisi sa sé-
« pulture à Port-Royal et passe une partie du

« jour à notre Office et le reste aux études pieu-
« ses. » On ne peut s'empêcher de remarquer
combien il eût été providentiel pour feu la
duchesse d'observer un an plus tôt les chastes
conventions survenues entre elle et son époux...
mais, à l'user, ne serait-il pas advenu de leur
vœu comme de la viduité de la reine de Pologne ?

Ce qui porte à le croire, c'est que le duc,
tout en demeurant le bienfaiteur de Port-
Royal, ne persévéra point dans son ascétisme.

Il fallait aux adeptes des âmes d'airain cou-
lées dans des corps de bronze. Les traits des
ennemis transperçaient. « J'ai été affligée de
voir un jésuite publier de si horribles impos-
« tures et étranges calomnies. » gémissait la
Mère Angélique, à propos du livre du père
Brisacier; « cela doit nous inspirer le désir
« de vivre aussi chrétiennement et saintement
« qu'on nous accuse d'être méchantes et de
« nous rendre aussi irrépréhensibles dans les
« moindres choses, qu'on nous déchire comme
« criminelles dans les grandes. » En son parti-

culier elle n'envisageait les attaques qu'au point
de vue de son perfectionnement : autant d'inci-
tations à bien agir. Malheureusement la diffu-
sion des mensonges produisait dans le public
des résultats désastreux, elle se décida à réclamer justice. Après mûr examen l'Archevêque
sévit ; la censure frappa l'ouvrage du jésuite
détracteur. L'Abbesse rendit grâce au prélat,
mais on prétendit qu'elle n'était pas contente
de la conduite du grand-vicaire M. Saussay,
supérieur de Port-Royal ; elle dut s'inscrire en
faux et protesta en ces termes : « Que votre
« indignation, mon père, se tourne contre
« ceux qui ont fait cette malice, pire que les
« autres, et augmente les obligations que nous
« vous avons et la ferme créance que j'en ferai
« jusqu'à la mort. » Ces intrigues n'étaient
pas de nature à la réconcilier avec le séjour
de Paris ; en mars 1652, elle regagna Port-
Royal-des-Champs. On commençait le réchauf-
fement des dortoirs ; le couvent était une ma-
sure ; rendre habitables des ruines, constituait
un travail de Romains ; le duc de Luynes l'a-

vait entrepris. Le plaisir de revoir les lieux qui lui étaient chers, d'assister à leur embellissement se traduisit chez la Mère Angélique par une amélioration dans sa santé ; elle en informa la marquise d'Aumont.

« Vous croiriez rêver en voyant notre Mai-
« son qui ne sera plus appelée la délaissée mais
« la rétablie. Nous avions ci-devant des gentils
« hommes pour cordonniers ; à cette heure nous
« avons un Duc et Pair pour chasse-avant [1].
« Il fit avant-hier, en un jour, regrimper nos
« chaises sur le sablon, qui est tout mis dans
« notre Église de huit pieds de haut ; on n'y
« sent plus de froid humide, on commence
« demain le dortoir. Nous sommes retran-
« chées au petit pied, mais céans, on ne s'in-
« commode de rien.

« Vous seriez effrayée de me voir trotter
« comme à vingt-cinq ans : prenez comme moi
« des tablettes de rhubarbe et employez votre
« santé pour Dieu... Pourvu que Dieu tienne éloi-

1. De Luynes.

« gnés de nous les gens de guerre! » A peine le
souhait était-il formulé que la guerre des Princes forçait la Communauté à se sauver à Paris ;
la Mère Angélique avertit, le 19 avril 1652,
l'abbé de Barcos, neveu de Saint-Cyran, de
cette tribulation :

« J'ai été obligée de venir ici avec cinquante
« de nos Sœurs, si à propos que nos voisines,
« ayant tardé d'un jour, furent volées, démon-
« tées, obligées de faire trois lieues à pied ; je
« ne suis vraiment que misère. Je ne sens jamais
« au fond de mon cœur le pur amour de Dieu,
« de sorte que je vois autant de mal dans ce
« que je fais, qui paraît bon, que dans les fautes
« que je commets. Je me suis attachée aux créa-
« tures comme si j'étais une enfant ; les biens
« extérieurs que Dieu me fait, votre charité,
« celle de mes amis me font craindre que, ne
« servant pas Dieu d'un pur amour, il ne me
« donne pour récompense que ces faveurs tem-
« porelles. Un, que je n'ose vous nommer, me
« fait un présent si notable ! Vous m'avez donné
« le conseil de ne point demander à la reine de

« Pologne de quoi faire nos cellules aux Champs
« de peur qu'elle ne le fît par respect humain.
« Au lieu de trente mille livres que je comptais
« lui demander, nos amis, auxquels je n'aurais
« jamais songé, font trois fois plus de cellules et
« réchauffer notre Église ! La guerre fait que
« nous voyons des religieuses réfugiées chez
« des séculiers ; elles sont étonnées de voir
« céans des images, de l'eau bénite, des chape-
« lets, invoquer les saints, ravies des sermons
« de M. Singlin, déplorent de ne pouvoir lire
« les lettres de Saint-Cyran, qu'on leur a ôtées,
« même la Vie des Pères du désert, et voient
« qu'on ne leur prêche que des fables sur nos
« hérésies prétendues. Obtenez-moi la grâce de
« l'humilité vraie et que vos Solitaires, Guillebert
« et des Touches, prient pour moi.

« Par les prières de notre bienheureux Père
« (Jean du Vergier de Hauranne), une de nos
« amies a été guérie miraculeusement d'un mal
« incurable et mortel. » L'abbé de Barcos répondit : « C'est un triste état que celui de cette
« vie d'être obligé de tenir pour suspectes les

« actions qui paraissent les meilleures ; je crois
« que c'est pour cette raison que cette vie est
« appelée l'ombre de la mort, puisque nous
« sommes dans une obscurité continuelle qui
« menace de la mort ceux qui aiment Dieu du
« fond du cœur. Il faut trembler, parce que vous
« ne savez pas si vos actes sont agréables à
« Dieu, mais il faut aussi se réjouir et sauter
« de joie selon l'Écriture : *Exultate ei cum
« tremore*, parce que vous devez espérer en s a
« miséricorde. C'est l'exercice de la vertu d'être
« suspendue entre deux extrémités contraires,
« la confiance sans crainte, la confiance imitant
« l'état du Fils crucifié. Soyez reconnaissant e
« envers vos amis, c'est rare parmi les hommes,
« particulièrement dans les communautés, qui
« oublient plus aisément les biens que les
« maux qu'on leur fait. Prenez garde que votre
« mépris pour les biens ne vous empêche de
« dispenser sagement celui que Dieu vous
« envoie si extraordinairement. J.-C. com-
« mande d'amasser les restes, de peur qu'ils
« ne se perdent. »

Est-ce pour obéir à cette prescription que la
Mère Angélique écrivait : « Il faut que les
« Hermites ramassent des châtaignes en se pro-
« menant dans les bois : que rien ne se perde. »

Ils furent vite molestés, les pauvres Solitaires !
Les Allemands, qui battaient la campagne, les
contraignirent de chercher asile au château de
Vaumurier, résidence du duc de Luynes. Les
déprédations des soldats s'exerçant dans les
Églises, une profanation pouvait se redouter.
On enleva de Port-Royal le Saint Sacrement ;
Vaumurier eut l'insigne honneur de le recevoir.
La Mère Angélique entretenait de ses infortunes
la Reine de Pologne ; leurs tristesses se confon-
daient, car la Providence était sévère à l'égard
de la princesse ; après lui avoir donné un fils
en mars, elle le lui avait repris au mois de mai.
La Mère Angélique, à court de consolations,
s'attardait aux détails de ses propres épreuves,
afin de distraire la Reine de son deuil : « Les
« Hermites sont vingt-cinq ; ils seraient soixante
« si on pouvait les loger ; il en vient de cinquante
« lieues ; quelques-uns retournent dans le

« monde, d'autres se logent près de Port-Royal.
« Maintenant ils sont tous au château de Vau-
« murier et le duc a mis trente hommes pour
« garder notre monastère ; ils sont plus de cent
« au château ; nos Hermites ont repris l'épée ;
« le duc fait fortifier l'abbaye, il me dit qu'elle
« se bâtirait, comme le temple de Jérusalem,
« avec la truelle et l'épée ; il y aura un passage
« avec son château pour nous secourir. Mille
« gens de guerre ont été logés dans notre ferme ;
« sans les travaux du duc de Luynes, qui occu-
« pent deux cent cinquante ouvriers, cinq cents
« personnes mourraient de faim. La bonne
« Mère Louise et trois femmes de son âge sont
« au château pour garder la maison ; comme
« par le déménagement deux cents pauvres
« manquaient de soupe, elle dit au duc : « Mon
« bon Monsieur, vos armes sont des fusils et
« des mousquets, mais la grande chaudière de
« nos pauvres est un gros canon ; il le faut ré-
« tablir, s'il vous plaît. » Ce qui a été fait. On
« craint beaucoup la sédition du peuple dans
« Paris ; nous sommes cent soixante à cause des

« religieuses qui ne savent où aller. Mme de
« Guéméné nous a prêté son logement. Votre
« Majesté envoie 12.000 francs à Mlle de Lamoi-
« gnon pour que nous les donnions ; je voudrais
« les distribuer aux campagnards, les leur
« prêter et, à mesure qu'ils rendraient, les
« donner à d'autres, de même pour une vache
« à louage qui nourrit les petits enfants ;
« Mlle de Lamoignon aura peut-être des idées
« meilleures que celles que je soumets. Mlle des
« Essarts nous a annoncé que Votre Majesté
« envoyait deux mille livres aux Hermites ;
« inutile de faire des fondations, c'est trop cher.
« Nous voudrions faire douze Hermitages pour
« nos Messieurs, qu'on remplacerait à mesure
« qu'ils mourraient ; sans sortir, tous iraient à
« la messe dans une chapelle ; nous avons
« quatre prêtres. Votre Majesté voudrait peut-
« être en construire, mais son argent doit être
« de préférence employé dans son royau-
« me. »

Ces ermitages ne se bâtirent jamais, le projet soulevait des objections. La Mère Angélique

se rétracte précipitamment : « De grâce, brûlez
« la lettre d'hier, nul ne sait la pensée de ces
« hermitages. » Près de M. Le Maître, elle se
repent : « Je suis trop parleuse, priez Dieu
« qu'il me guérisse, cela affaiblit l'âme et le
« corps. »

L'heure n'était point de s'épuiser inconsidé-
rément ; une nuée de religieuses fondait sur
le monastère, subvenir aux besoins matériels
des fuyardes, maintenir l'ordre au sein de leur
effarement, quelle besogne difficile ! La Mère
Angélique y excella : « Nous avons eu cent
« religieuses de douze monastères le jour de la
« Pentecôte; dimanche nous en aurons davan-
« tage, au réfectoire on n'entend pas un bruit.
« Ne vous louez pas, recommande-t-elle à
« M. Le Maître, en élevant les vierges ne leur
« donnez pas l'occasion de devenir folles. Le
« vent de la vanité éteint les lampes aussi bien
« que le défaut d'huile... Surtout ne nous louez
« pas, » répète-t-elle. La vanité, certes, était
redoutable, mais l'Abbesse ne pouvait repousser
les satisfactions compatibles avec la justice :

« Nous détrompons ces religieuses, qui nous croyaient sauvages et hébétées. »

Pendant une certaine période, elles furent quatre cents. « Nous sommes assassinées de « religieuses, étant la première maison du fau- « bourg ; un garde et un trompette de M. de « Nemours nous en amena vingt-cinq de la « congrégation de Notre-Dame d'Étampes et « douze pensionnaires ayant essayé de passer « par le milieu de l'armée. »

Conformément à la règle, elle prévenait l'Archevêque de Paris ; fort embarrassé lui-même de loger les nonnes errantes, il accordait les permissions. Les religieuses de l'abbaye de Liesse dépêchaient message sur message afin d'obtenir un coin où se caser; leur supérieur appuyait leurs démarches ; elles étaient si pauvres que la Mère Angélique hésitait : attendrie par leurs instances, elle ouvrit enfin sa porte et la communauté entière, pénétrée de reconnaissance, se précipita à ses genoux en arrivant. Peu à peu, les autorisations ne furent ni sollicitées, ni requises; on se trouva dé-

bordé : « Tous les jours il vient de nouvel-
« les religieuses, écrivait la Mère Angélique, le
« pain de Gonesse n'entre plus ; on craint la
« peste, la farine vaut 56 livres. Il vaut mieux
« coucher dans des murailles fraîches qu'à la
« belle étoile ; si les quatre-vingts cellules étaient
« prêtes, je retournerais à Port-Royal-des-
« Champs. » Cependant elle venait d'apprendre le pillage d'un hameau voisin : Mandeville.

La cohue ne se produit jamais impunément :
l'ivraie se mêle au bon grain ; au milieu des
malheureuses, exilées des provinces par les
misères de la guerre, l'indiscipline semait ses
ferments, leur agglomération entravait la sur-
veillance, et le pouvoir ecclésiastique tremblait
que des désordres s'ensuivissent. La fermeté
de la Mère Angélique prévint les troubles, son
équité courba les fronts : « Vos loups enragés
sont des moutons, » affirmait-elle au grand-
vicaire. Lors même que leurs résistances l'eussent navrée comment repousser des infortunées
sans feu ni lieu, quand « des cellules on voyait
« le soir des soldats dans la campagne » et que

les événements comportaient cette relation à la Reine : « Un soldat poursuivait une religieuse ; « elle était montée au moyen de la grille au « crucifix qu'elle tenait embrassé ; de rage, il « l'a tuée au moyen d'un coup de fusil. » Au milieu de ce brouhaha, Mˡˡᵉ Pascal recevait dévotement l'habit et la Mère Angélique, oubliant ses embarras pour alléger ceux du prochain, stimulait la bienfaisance de M. Le Maître. « Je plains le pauvre M. Chanonat qui a perdu « tout son vaillant ; il y a longtemps que j'ai de « la peine au sujet de votre vieil habit (je vous « ai envoyé de l'étoffe), je voudrais qu'il le « tînt, il ne lui faut pas mieux en ce temps ; si « vous pouvez lui envoyer quelques vieux sou- « liers et bonnets de nuit, il est sans chapeau, « mais surtout, hasardez une pistole. » A la fin de la lettre elle recommande d'en user discrètement envers le bienfaiteur de Port-Royal : « J'espère que le duc de Luynes arrangera les « Granges ; ne lui dites rien, que sa charité seule « l'inspire. » Elle ne ménage point le blâme à quiconque le mérite : « On doit faire la proces-

« sion de la châsse de sainte Geneviève et on
« s'y prépare par des contestations de rang.
« M. l'abbé de Sainte-Geneviève, qui n'est pas
« seulement béni, n'étant que triennal, veut
« donner la bénédiction par les rues, Monsei-
« gneur de Paris présent. Voyez si ce n'est pas
« bien pour apaiser l'ire de Dieu et si les juifs
« ne s'humiliaient pas d'une autre manière
« devant Dieu en leurs afflictions. » Son indignation s'étendait à la cour dont elle montrait
l'égoïsme à la Reine de Pologne. « Les cours et
« et les Thuilleries sont aussi fréquentées que
« ci-devant ; les collations et reste des super-
« fluités vont à l'ordinaire, sans que l'image de
« la calamité des rues arrête. Cependant, de
« méchantes personnes attendent aux portes
« les femmes et les filles qui se sauvent et les
« mènent perdre. Alors, M. du Hamel, curé de
« Saint-Merri, a loué une maison pour les
« recueillir ; on les fait filer pour qu'elles ne
« soient pas oisives. Il y a sept malades par
« lit à l'Hôtel-Dieu et deux bateaux de blessés
« ont été mis sur du foin. Je désespère de la

« paix, voyant le petit nombre de bonnes âmes
« qui s'appliquent à la charité ; les autres font
« autant de luxe que jamais. Le roi va mettre
« le siège si Paris ne se décide pour lui contre
« les princes. La maison de mon frère d'An-
« dilly a été pillée par les Lorrains, de même
« Mandeville, les paysans estropiés. Le duc
« de Luynes a fait faire huit tours à Port-Royal
« qui a été défendu. L'indiscipline règne par-
« tout. Après la bataille du faubourg Saint-
Antoine, elle continue : « On va encore à la
« comédie à l'hôtel de Bourgogne. Dieu nous
« fait voir une image de l'enfer, les soldats sont
« la figure des démons qui souffrent en faisant
« souffrir, car ils s'entre-volent, après avoir
« pillé, ils gâtent plus qu'ils ne pillent et meu-
« rent de faim. Au moins vos ennemis sont des
« Infidèles. » (Le royaume de Pologne était
la proie des Tartares qui, bénéficiant de la
trahison des Cosaques, avaient battu un corps
de Polonais le 2 juin 1652.) « Ce n'est pas
« coutume d'entretenir les princes de ces tristes
« représentations, » ajoutait-elle. Au milieu des

revers la Reine restait dévouée aux proscrits de Port-Royal ; elle leur proposait la jouissance de l'hôtel de Nevers, par l'organe de Mme de Plessis-Guénégaud, en même temps qu'elle envoyait une offrande pour leurs pauvres. Ses mandataires se piquaient peu d'exactitude et la Mère Angélique, conférant avec Mlle de Lamoignon, observait ceci : « Ayant appris que « M. Vincent a reçu une lettre de la reine « ordonnant que les 12.000 livres seraient « distribuées par les dames de sa compagnie, je « suivrai cet ordre d'aussi bon cœur que celui « donné à Mlle des Essarts et confirmé dans la « lettre du 9, mais ce changement m'a un peu « surprise, vu que je sais que l'intention de la « Reine n'est pas que ses aumônes soient pu- « bliées. » Dans sa frayeur de l'ostentation, elle s'écriait : « Pourquoi aurait-elle désiré que je prisse part à la dispensation de sa charité ? » La souveraine ne l'avait point souhaité et ses correspondants interprétaient inexactement ses instructions ; toute la première elle s'efforçait de tenir ses aumônes secrètes.

La mère Angélique savait entrer dans sa manière de voir quand elle écrivait :

« Je ne sais si la malheureuse coutume « d'importuner les rois et les reines pendant « la messe est à votre cour comme ici; que « Votre Majesté se montre sévère et ne tolère «point ce désordre. » Se réjouissant que la nouvelle de la création de la vénalité des charges en Pologne fût erronée : « Votre Majesté se plaint « de manquer de dévotion, disait-elle, ce que « Votre Majesté fait pour les pauvres vaut « mieux que de passer ses journées à l'Église. » L'approbation était inestimable, venant d'une personne assez étrangère aux détours de langage pour risquer cette assertion : « Les premiers « chrétiens doutaient si les princes pouvaient être reçus au baptême, » et cette phrase, à l'époque où le roi et la reine de Pologne étaient malades en même temps : « Un « jour ou un autre, la maladie conduira Vos « Majestés devant Dieu. » Elle n'épargnait pas les puissants : « Il est tombé dans un abîme d'ini- « quités, » déclarait-elle à la mort de Charles-

Amédée de Savoie, duc de Nemours, tué en duel
par son beau-frère le duc de Beaufort. « Pour-
« tant, ce prince ayant été fort malade, il y a deux
« ou trois ans, était si touché qu'il fit mettre une
« haire sur son lit et la corde au col, voulant
« être privé après sa mort de sainte sépulture,
« tant son mouvement de pénitence était
« extraordinaire : il a tout oublié ! » — « Il y a
« tant de Grands qui sont contents dans leur
« misérable grandeur et infortunée bonne for-
« tune, » reprenait-elle, proposant l'exemple de
saint Charles qui avait conjuré par un vœu la peste
de Milan. Le même fléau décimait la Pologne et
« les amis » célébraient la messe dans la chapelle
de Saint-Jacques de la Boucherie, à l'intention
de la Reine à laquelle on rappelait que son chapelet pendait toujours dans sa cellule de Port-
Royal — de ce « Port-Royal-des-Champs dont les
crapauds valaient mieux que tout Port-Royal
de Paris ». La mémoire de la Mère Angélique
ne parvenait point à s'en détacher. « Je vou-
« drais, disait-elle, que les tours fussent dédiées
« la première au Saint Sacrement, la deuxième

« à la Sainte Vierge, la troisième à Saint Joseph,
« la quatrième et la cinquième à saint Jean-Bap-
« tiste, la sixième à saint Pierre et saint Paul,
« le septième à saint Laurent, la huitième à saint
« Louis. M. de Saci ferait bien de les bénir,
« il y a une Oraison pour cela dans le Rituel. »

M. Le Maître, enfermé dans son ermitage, succombait à un labeur excessif ; elle le réconfortait :
« Dieu vous a envoyé cette faiblesse pour vous
« préserver de la fièvre, résultat d'un trop
« grand travail ; il vous a tiré de l'empressement
« de Marthe pour vous mettre dans la contem-
« plation de Madeleine. » Elle consolait de ses
souffrances M. Hamon, le médecin, successeur
de M. Pallu :

« Si la partie inférieure se plaint et crie
« comme une infirme, la supérieure doit tou-
« jours bénir Dieu qui, de sa divine main, nous
« blesse pour nous guérir. »

La commisération était permise, l'attendrissement, jamais. En ces termes succincts, elle
faisait part à M. Le Maître de la fin de Sœur
Angélique de l'Incarnation : « Je loue Dieu que

« vous êtes arrivé heureusement à Port-Royal ;
« vous aurez appris hier que ma Sœur Angéli-
« que de l'Incarnation est arrivée aussi par la
« grâce de Dieu au but de son voyage et, comme
« j'espère, de ses maux. » Le neveu n'honora
pas d'une réponse la communication de sa tante ;
austère à la suprême expression, il considérait
que la morte, tout comme cette autre religieuse
reçue professe le jour de Noël 1652 et décédée
le jour de l'Octave, recevait une grâce magnifique ; il partageait seulement le regret de la Mère
Angélique disant : « Nous seules ne sommes pas
« assez malheureuses ; les armées espagnoles
« lorraines et les nôtres continuent leurs
« cruautés. » Son apostolat ne se ralentissait
point et au mois de décembre, fit profession entre ses mains Élisabeth de Sainte-Anne Boulard
de Nimlinvilliers, à laquelle la destinée réservait d'être la dernière abbesse de Port-Royal-
des-Champs.

A ce moment, Paris abandonna le parti des
Princes ; le roi y rentra le 21 octobre. La Mère
Angélique put regagner son cher désert. Avant

de quitter la capitale, elle distribua à cinq monastères les dons de la Reine de Pologne et,
fidèle à ses errements, ne la nomma point, mais
elle eut soin de diriger vers le royaume de la
bienfaitrice les Sœurs de la Visitation de Sainte-
Marie ; elle promit en outre : « d'envoyer pour
« enseigner les enfants, des cordonniers et autres
« artisans, si on en trouvait, le tiers étant
« mort, le reste débauché par la guerre. »

Dès son arrivée aux Champs, elle reprit
les anciens usages : « Nous avons mis dans
« nos Constitutions, comme chez les religieuses
« de Prémontré, qu'on excommunierait tous les
« ans à la grille celles qui auront quelque
« chose de particulier ; on excommuniera aussi
« celles qui exigeront de l'argent et feront des
« pactes pour les Filles qu'on recevra, confor-
« mément aux conciles. L'avarice du monde se
« communique aux religieuses et les perd. On
« donne, pour faire entrer au couvent, dix
« mille écus afin d'en sauver cinquante mille
« que coûterait un mariage. J'espère que cet
« abus n'existe pas en Pologne. » La douceur

de revoir les sites aimés fut éphémère ; la persécution, hypocrite et latente, entra brusquement dans une phase aiguë : le Pape Innocent condamna les cinq propositions de Jansénius. On ergota, on voulut louvoyer ; agitations stériles : la bulle fut promulguée dans le courant de l'hiver (1653). Un frisson de révolte courut parmi les adeptes de Jansénius ; Port-Royal releva fièrement la tête.

CHAPITRE V

Il convenait pourtant de s'incliner : l'opinion publique se prononçait contre les dissidentes. Que les Solitaires, plongés dans des études théologiques, soutinssent une doctrine, on le comprenait ; mais des religieuses, doublement ignorantes en leur qualité de femmes et de nonnes, il fallait que le démon de l'orgueil les possédât. L'opinion commettait une méprise. Seul, le respect de la vérité les empêchait de se soumettre : on n'abjure pas une erreur qu'on ne professe point. Les cinq propositions étaient-elles, oui ou non, dans le livre de l'évêque d'Yprès ? Toute la question reposait là. Les théologiens les plus versés dans les sciences canoniques hésitaient : abstraction faite d'Arnauld, opinant en faveur de la négative, beaucoup de juges se montraient indécis. Aux yeux des religieuses, qu'est-ce qui ressortait du débat? Des trames perfidement ourdies, des diatribes, salissant ceux qu'elles savaient impeccables, leurs Mères, accusées d'intelligence avec Cromwell et les Princes rebelles ; la conclusion découlait naturellement : ce qu'enseignaient leurs adversaires, personnifiés dans les Jésuites, était mensonger. « Plus je pense à cette pauvre « compagnie, écrivait la Mère Angélique à M. de « Fleury, plus j'ai de douleur de son état; il y a « apparemment quelques bons serviteurs parmi « eux. » Aucune infatuation dans ces lignes : « Je vous remercie d'avoir dit que nous étions « soumises à l'Église et à son chef, nous autres « pauvres filles, incapables de raisonnement. » Pouvait-elle s'empêcher d'être choquée quand elle apprenait que « l'Évêque d'Angers, ayant « obtenu le jubilé pour sa ville, il y avait été

« trois cent mille personnes et que les seuls
« Jésuites de la Flèche s'étaient abstenus avec
« leurs élèves, de sorte qu'ils méprisent les
« Indulgences autant que la Pénitence ». Son
dévouement au pouvoir épiscopal s'affirmait
lorsqu'elle engageait le même M. de Fleury à
prévenir Mgr l'Archevêque de Sens qu'un bref
de Rome nommait quatre commissaires afin
d'instruire le procès de sa Lettre Pastorale :
« Prévenez-le en latin, car il ignore peut-être·
« Je sais que je ne devrais pas me mêler
« d'affaires, mais les plus petits enfants crient
« quand ils voient le feu à la maison de leur
« mère. » Elle n'ignorait pas que les moyens
de se disculper manquaient à Arnauld ; il
n'avait plus de papier pour l'impression de ses
livres. Au lieu de remplacer les huit mille
rames brûlées par les soldats, il s'agissait de
payer la reconstruction de l'église de Port-
Royal-des-Champs ; Mgr Vialart, Évêque
de Châlons, l'avait bénie le 6 mars 1653
et le grand autel était consacré. Le couvent
espérait que les largesses de la duchesse de

Chevreuse, disposée à se retirer près de son fils le duc de Luynes, allégeraient les charges. A la place de la donatrice débarqua la marquise de Sablé. Décidée à la pénitence, avide d'œuvres pies, altérée d'humilité, c'est incontestable. Que cette contrition déçut Port-Royal, que ces cendres lui causèrent de tracas ! Jamais humeur fantasque n'engendra chez une jolie femme pareille diversité de caprices, les uns très pieux, les autres païens : tous insupportables. Mme de Sablé parlait-elle d'adjoindre un pavillon au monastère — libéralité qui eût été sérieuse — elle commençait par violer les règles de la clôture ; le temps se passait en discussions, les matériaux pourrissaient sur le chantier. L'ouverture d'une fenêtre sur le jardin lui était-elle accordée, sauf cette réserve : Mlle Soyer serait l'unique occupante de la pièce. Fi ! le méchant procédé ! La marquise fulminait : on l'écartait, on la tenait en suspicion, on lui préférait sa dame de compagnie... Cette belle colère éteinte, elle excipait de sa qualité de bienfaitrice et s'installait au couvent ; une plaisanterie nouvelle suivait : la frayeur des maladies.

L'incohérence d'une cervelle de femme à la mode avait seule pu suggérer la détermination. Port-Royal était notoirement malsain, la fièvre quarte sévissait en permanence, aggravée des maux, cortège de la misère. Il fallait pousser bien loin le mépris de la loque humaine pour trouver le séjour supportable; — or la susdite loque comptait prodigieusement à l'avis de la marquise; elle comptait tellement que l'appréhension de lui voir subir un accroc l'induisit en extravagance. Une entrée à l'infirmerie l'empêchait de dormir, un cas de rougeole la glaçait d'effroi. Ces contorsions apitoyaient médiorement la Mère Angélique, le dédain perçait dans son attitude, mais sa bonté retenait ses crispations. Prenant en patience les billevesées de la grande enfant, elle lui cacha les affections contagieuses : ce fut bien pis. La marquise ayant éventé le stratagème n'eut plus deux secondes de répit — surtout n'en laissa pas une au prochain ; ses lubies révolutionnèrent le monastère; l'annonce d'un accès de fièvre lui arrachait des cris, une migraine lui valait une crise nerveuse : les enquêtes succédèrent aux enquêtes, les inquisitions aux inquisitions, heureux encore quand cet espionnage perpétuel n'allait pas jusqu'aux perquisitions. Ce dernier procédé excédait la mesure et, afin de se délasser du bourdonnement de la marquise, on n'avait que le papillotage de la princesse.

Mme de Guéméné était redevenue fort mondaine; ses légèretés contristaient la Mère Angélique qui abordait discrètement avec la reine ce sujet scabreux : « La personne qui demeu- « rait au-dessus de Votre Majesté nous afflige « quoiqu'elle nous témoigne toujours affection : « ses enfants ne lui donnent que déplaisir ; plus « elle cherche distraction plus elle fait mal. » L'agacement que causait à l'Abbesse ces fréquentations frivoles lui inspira ce compliment, tant soit peu enfantin, adressé à la souveraine : « Je « félicite Votre Majesté de n'être qu'un quart « d'heure à sa toilette. »

Si les piqûres d'épingles avaient préservé des coups de poignards!

Intolérables étaient-ils quand, selon l'expression de la Mère Angélique, ils déchiquetaient « celui qui se tue pour nous bien loger éter- « nellement ». Celui-là était M. Singlin; un incident, rendu louche à plaisir, le livrait en pâture à la malignité. Éclairons-nous près de la Mère Angélique : « M. de Chavigny est mort en « onze jours, à 45 ans, très fort, très sain, à la « suite d'un transport de colère. En se plaignant « d'une injustice, il eut la fièvre. Il désirait « communier, les médecins dirent qu'il fallait « attendre la fin de l'opération ; il mourut, ce « qui a fait dire, parce que M. Singlin l'assistait, « qu'il est mort en désespéré. Ce M. de Cha- « vigny avait remis huit cent mille livres à « M. de Singlin pour des restitutions; étant « mort avant de signer l'acte, M. Singlin remit « cette somme à Mme de Chavigny en lui disant « qu'en déchargeant sa conscience il chargeait « la sienne. La dame fit mille objections aux « volontés dernières de son époux ; elle se ré-

« signa à compter cent mille livres, mais refusa
« de les appliquer aux choses particulières que
« le défunt avait désignées et qu'il ne voulait pas
« qu'on sût. On dit que M. Singlin n'aurait
« point dû se démettre ; quelques-uns l'approu-
« vent, beaucoup déclarent qu'il a voulu voler. »
Cette affaire ameuta contre Port-Royal. On
cloua au pilori les capteurs d'héritage, tout au
moins les détenteurs infidèles. On trouva
grandeur d'âme à conspuer des religieuses, à
moitié mortes de faim, M. Hamon demi-mort
de froid, M. Singlin, grelottant dans sa mansarde, à accuser de détournement de biens la
Mère Angélique, déclinant les bienfaits de la
Reine de Pologne. Les fauteurs de scandale se
moquaient de la vraisemblance; ils rêvaient la
chute de censeurs gênants : faute de preuves
ils intentaient des procès de tendance. L'Ordre
soutint chaleureusement M. Singlin et tenta de
se disculper dans la question d'orthodoxie ;
quelques Messieurs de Port-Royal se rendirent
à Rome et présentèrent au Pape un écrit en
latin, imprimé à Paris quinze jours avant la bulle,

lequel Écrit attestait d'un acquiescement absolu à la doctrine pontificale. La victoire des Jésuites diminua beaucoup par la soumission des disciples de saint Augustin qu'ils croyaient devoir se porter appelants, au lieu qu'ils étaient obéissants. Mgr l'Évêque d'Angers, Henri Arnauld, tint à honneur de mettre à couvert la doctrine de saint Augustin dans une lettre au secrétaire d'État. La Mère Angélique se dépêche de prévenir M. de Fleury : « Le Pape a « dit à nos Messieurs qu'il était content de leur « procédé, qu'il ne prétendait nullement que la « Bulle préjudiciât à la doctrine de saint Augus- « tin ni à la grâce efficace qu'ils avaient si bien « défendue devant lui. Il demeurait persuadé. »

Le Souverain Pontife l'était-il autant qu'il trouva politique de l'assurer? les événements l'ont démenti. Les Jésuites répandirent fausse- ment que l'écrit n'avait été imprimé que quinze jours après la promulgation de la bulle ; mais Port-Royal, nanti de l'approbation papale, es- péra que ses ennemis rentreraient leurs griffes. La Mère Angélique abhorrait la lutte de quelque

genre qu'elle fût ; elle exprimait sincèrement sa
« pensée en disant à la Reine : « Il est heureux
« que le roi ait fait la paix : aurait-il gagné une
« bataille, le peu d'hommes qu'il y aurait perdu
« auraient mieux valu qu'une milliasse de bar-
« bares, » complément de l'idée précédemment émise :

« En adorant Dieu devant le Saint Sacrement
« Votre Majesté fera une plus rude guerre aux
« ennemis de l'État et de l'Église que le roi
« avec son armée. »

Le monarque de Pologne reconnaissait la
sagesse des avis de la Réformatrice. Il avait été
frappé de leur justesse dans la direction des
petites juives hospitalisées au palais, « auxquel-
« les on ne devait donner le baptême qu'avec
« circonspection, » puis dans les conseils sur le
choix de l'entourage : « Faites attention de ne
« nommer que de bons ministres ; la puissance
« des rois est un fleuron et un écueil. » La prudence dictant à la souveraine « de ne point vendre
« ses bagues comme elle en avait le désir pour
« racheter des captifs, mais pour secourir ses

« sujets, » ne lui avait point échappé pas plus
que la manière réservée de signaler les infortunes à soulager : « Le roi d'Angleterre (Charles II)
« est si pauvre que l'argent lui manque pour en-
« voyer une ambassade au Pape ; il promet-
« trait d'accorder la liberté de conscience aux
« catholiques s'il remontait sur le trône ; peut-
« être lui-même se convertirait. Un de ses
« seigneurs catholiques, le chevalier Digby, ne
« mange que du pain et du son ; il le cache, on
« l'a découvert. » Afin de témoigner sa déférence
à la conseillère de la reine il s'engagea à élever
un autel à saint Charles : la diète de Pologne
— une diète qui tenait ses séances en carême
— vit cette influence d'un mauvais œil et parla
de chasser M. de Fleury. De là vive indignation
de la Mère Angélique, répétant après saint
Bernard :

« Celui qui médit a le démon sur la langue,
« et celui qui l'écoute l'a sur l'oreille. » La
guerre, exposant le prince à des dangers in-
cessants, la Reine résolut, si elle devenait
veuve, de se retirer chez ces Filles du Saint Sa-

crement tant décriées : « Qui parlent si souvent
« de Votre Majesté qu'on nous croirait Polonai-
« ses, » écrivait l'Abbesse, mais qui conser-
vaient toujours leur franc parler : « Jamais nous
« ne trouvons Votre Majesté assez parfaite. »
L'antipathie de la Mère Angélique pour ce qui,
de près ou de loin, ressemblait à la louange était
presque excessive et l'humeur accommodante
du roi et de la reine de Pologne vraiment rare
chez les grands ; se concilier la faveur de la
cour de France aurait bien eu son importance,
cela n'eût-il servi qu'à la propagation des saines doctrines. L'heure était périlleuse ; les dispositions pacifiques avaient cédé, la cabale
reprenait du champ, le cardinal Mazarin la pa-
tronait. Il présida au Louvre une assemblée
d'Évêques dont le vote attribua à Jansénius
les cinq propositions condamnées. Au cours de
la délibération, des protestations violentes s'é-
levèrent, nombre de prélats soutinrent l'opinion adverse ; la réunion eut lieu dans le courant de mars. la fatalité permit que le 21 de
ce même mois Mgr de Gondi succomba. Sa

mort fut le signal d'une levée de boucliers contre Port-Royal. Les sympathies de son neveu et successeur, le coadjuteur cardinal de Retz, allaient à l'encontre de la communauté. A bref délai il devint le loup des brebis qui s'étaient abandonnées au pasteur. La Mère Angélique, en se plaçant sous la juridiction de l'Ordinaire, avait donné à l'Archevêque de Paris pouvoir discrétionnaire sur son couvent. Combien elle fut punie d'avoir aliéné sa liberté! La faute commise s'expia terriblement : on la traîna sur la claie. « On dit qu'on veut me mettre à la Bastille, » écrivait-elle. En attendant l'Inquisition confectionnait des Traités de la grâce signés de M. Feydeau et du père l'Hermite ; on fit circuler un Almanach intitulé : Confusion des Jansénistes dans lequel on appelait la vindicte publique sur les coreligionnaires de Port-Royal. On identifiait leur cause à celle de Jansénius, réputé évêque hérétique.

L'avènement au trône de Louis XIV, le 7 juin 1654, ne changea rien à la situation. Les personnages qui, jusque-là, s'étaient montrés bien-

veillants, baissèrent pavillon, à commencer par
la Régente. La Mère Angélique, écrivant à la
reine, à propos de l'arrivée en Pologne des Filles
de Sainte-Marie, hasarde sur Anne d'Autriche
une critique, suggérée par l'écœurement :
« Votre Majesté a bien fait de ne pas s'en remet-
« tre à son testament, toujours mal exécuté,
« pour la fondation en faveur des religieuses ;
« c'est un exemple unique en ce siècle : com-
« bien différent de celui de Marie de Médicis cons-
« truisant le Luxembourg ! » Le poids du malheur dépassait-il ses forces ? une pauvre veuve,
Mme Allen, recueillait sur ses lèvres cet aveu :
« Nous engageons les autres à porter leur croix,
« nous rechignons quand elle se présente à nous ; »
semblant de défaillance que des infortunes personnelles mettaient en état de concevoir celle
qui en recevait la confidence. On faisait
face à l'orage pourtant, et, en dépit des inquiétudes, on cherchait à être agréable à ses amis :
les ermites exécutaient des dessins pour la reine
de Pologne. La Mère Angélique avait été l'in-
spiratrice de ce travail et M. de Fleury fut chargé

de l'en remercier par un léger cadeau ; mais ce qui était éloignement chez l'Abbesse, à l'endroit de la flatterie, se transformait en horreur, quand il s'agissait de présents : « J'ai fait don « de votre croix au monastère, répondit-elle ; « je ne veux rien posséder. »

Elle réclama du zèle de M. Fleury un service d'autre nature : « La Providence a fait « tomber entre mes mains un paquet de vous « adressé à Mme d'Aumont. Je me doutais de ce « que c'était (connaissant la curiosité et affec- « tion de nos Sœurs pour voir tout ce que je « fais) et cela me le fit ouvrir. J'en ai senti une « douleur et confusion que, si j'osais, je n'écri- « rais de ma vie pour arrêter le cours de ces « niaiseries de filles. Je vous supplie que la « reine brûle mes lettres. » Il paraît que les religieuses avides des enseignements de leur Mère obtenaient de M. de Fleury communication de ses lettres à la reine. Il les leur renvoyait par la marquise d'Aumont ; elles en prenaient copie ; œuvre de patience, car l'écriture de la Mère Angélique était aussi illisible que celle de

M. Singlin, qui consacrait un jour à rédiger une page criblée de ratures. M. de Fleury, malgré la pureté de ses intentions, commettait une indélicatesse en divulguant la correspondance qu'il avait mission de collationner ; il n'appert point que la Mère Angélique lui en ait gardé rancune ; ce qui la lésait se rapetissait tellement et méritait si peu de retenir l'attention ! Davantage elle insistait sur l'article cadeau : « Nous ne « pouvons utiliser la toile d'or et d'argent pour « les pavillons du Saint-Sacrement ; on ne saurait d'où cela nous vient ; le contraste serait « trop grand ; nous utiliserons l'étoffe en voiles « de calice. » Elle passait sous silence le retard apporté à l'envoi d'une somme de 8.000 livres, d'autant plus indispensable que : « Lorrains, Français et Hibernais mendiaient nuit et jour. » La Pologne, ajoutons-le, était envahie par les Tartares et les Cosaques, Smolensk tomba au pouvoir des Moscovites le 13 octobre ; il eût été malséant d'obérer le trésor. Aussi la Réformatrice recommande-t-elle avec circonspection M. de Muskry, porteur d'un traité destiné à pla-

cer au service de la Pologne 5.000 Irlandais ;
ce gentilhomme catholique, qui offrait ses
armes, était persécuté par les Parlementaires
et avait pour interprète M. Belings, secrétaire
d'État du Conseil souverain d'Irlande. Au départ de cette lettre la Mère Angélique avait cessé
d'être abbesse : on l'avait déposée à l'expiration
de son quatrième triennat, en novembre 1654.
La Mère de l'Incarnation Le Conte, prieure de
Port-Royal-des-Champs, ne pouvait maîtriser
ses regrets. « Vraiment, vous semblez avoir plus
« de craintes pour moi que d'amour, » lui écrivit
impatiemment de Paris la Mère Angélique. La
Mère Marie des Anges Suireau la remplaça.
Religieuse depuis trente-six ans, abbesse de
Maubuisson depuis vingt-deux, elle était univer-
sellement respectée ; malheureusement, elle imi-
tait trop les vertus de la Mère Angélique ; le
besoin de l'obscurité la dévorait ; elle trouvait
qu'elle avait acquitté sa dette envers les charges et prétendait redevenir novice. Quiconque
chérissait Port-Royal redoutait les honneurs.
Vers cette époque on vit une fidèle de la pre-

mière heure, l'épouse de M. Le Camus de Buloyer, devenue veuve, prendre rang à soixante-
seize ans, parmi les converses ; elle devait mourir
avant de faire profession. Modeste de cœur, la
Mère Suireau l'était aussi dans ses actes ; les
dépenses de certaines communautés la frois-
saient ; jamais elle n'aurait consenti à élever des
autels somptueux, à l'exemple des Carmélites
du faubourg Saint-Jacques ; elle s'unissait à cette
critique de la Mère Angélique : « On fait un
« tabernacle qui coûtera 120.000 livres, un por-
« tail sur la rue qui coûtera 1.000 livres, douze
« Hermitages dans la maison, si beaux que la
« reine en fut scandalisée. Vingt de leurs églises
« auraient été ornées avec les 40.000 livres ;
« il y a émulation entre les religieuses pour
« orner leurs maisons comme entre les dames
« pour leur cabinet. »

En autorisant ces prodigalités, elle aurait cru
voler les pauvres; cependant son élection avait
été une fortune pour Port-Royal. Madame d'Orléans, abbesse de Saint-Pierre de Reims, qui
lui avait succédé à Maubuisson, étant morte

peu après, on fusionna les deux abbayes ; et,
nous le savons, l'apanage d'Angélique d'Estrées
était aussi largement doté que la fondation de
Mathilde de Garlande avait été mal pourvue.
Les indigents profitèrent de l'augmentation des
revenus. Quand la Mère Suireau eut réglé les
affaires d'intérêt, elle réalisa son projet; elle fit
nommer à sa place la Mère Suzanne de Saint-
Esprit de Roche, abbesse de Lieu-Dieu et, pour
toute concession, accepta d'être Maîtresse de
ces Novices dont elle enviait la vie cachée.
L'heure n'était point cependant de s'ensevelir
dans le cloître et d'y oublier l'univers ; ce monde détesté il fallait l'affronter, réduire à néant
ses noirs desseins. La Mère Angélique, elle,
resta intrépidement sur la brèche. Elle écrivit
à la Reine de Pologne : « On a dit à la Reine
« que nous voulions vendre les toiles d'or que
« Votre Majesté vient de nous envoyer; elle a
« envoyé M. de Brienne pour les acheter;
« nous lui dismes que, de la moitié nous ferions
« un dais pour la procession du Saint Sacre-
« ment, selon nos Constitutions. » Elle ajoute,

en achevant de démasquer le mensonge : « On réclame la Saint-Barthélemy contre nous. » Bien pis : on refusait l'absolution au duc de Liancourt parce qu'il avait sa petite-fille pensionnaire à Port-Royal. Les prêtres tremblaient : « Vous « verrez que le curé de Saint-Benoit, M. Grenet, « fera excuse aux Jésuites et que M. Vincent « ne s'offensera pas de leur outrage, » prédisait amèrement la Mère Angélique.

Les Jésuites, par l'organe du Père d'Anjou, affirmaient que les aumônes, recueillies à l'intention des pauvres de Champagne et de Picardie, étaient distribuées à des gens qui dogmatisaient contre l'Église; ce Jésuite lança sa dénonciation du haut de la chaire de Saint-Benoît. Ils « poussent jusqu'au bout leurs desseins, » disait la Mère Angélique. D'accord avec le Premier Président de Bellièvre, elle engagea Arnauld à publier une Lettre sur le refus d'absolution opposé au duc de Liancourt. Elle n'était pas seule à juger la défense exorbitante: M. de Lionne, ambassadeur près du Saint-Siège, en causant avec le Pape : « Le curé a eu tort de refuser l'absolution, » déclara le Souverain Pontife. — « Saint Père, si les Jansénistes savaient cela ils s'en prévaudraient, » lui fit observer le diplomate. « Ils peuvent s'en prévaloir, » dit le Pape.

Les Jésuites avaient intenté un procès criminel à M. du Hamel, alléguant qu'il ne croyait pas à la divinité de J.-C. dans le Sacrement de l'Eucharistie ; M. Arnauld écrivit une lettre justificative ; les Molinistes lui opposèrent neuf réponses qu'il réfuta, dans une lettre plus longue adressée au duc de Luynes. Ces protestations gênaient fort les disciples de Loyola : « Soignez-vous, répétait la Mère Angélique à M. Le Maître, votre mort et celle de M. Arnauld feraient autant de plaisir aux Jésuites que la « Déclara-« tion du roi dont on nous menace ». Avec sa lucidité habituelle elle décrivait à la Reine l'état des esprits : « Tout le monde connaît maintenant « les Jésuites, mais l'affection s'est changée en « crainte, de sorte qu'ils sont toujours tout-puis-« sants. » Les Jansénistes étaient innombrables, leurs défenseurs se réduisirent à un nombre infime : les frères renièrent les frères, la lâcheté accréditait les calomnies: tandis que les pierres lapidaient les coreligionnaires, les portes se fermaient devant eux et ceux qui les repoussaient les savaient innocents.

Les sympathies se dissimulaient; pour se témoigner au grand jour elles durent se frayer un chemin à travers l'Europe : le roi de Pologne, tout envahi qu'était son royaume par Charles-Gustave, roi de Suède, et par les Moscovites, songea aux religieuses de Port-Royal. Les revers avaient affiné ses sentiments, la brouille avec sa noblesse le rendait humain aux délaissées; il envoya à Port-Royal un ciboire d'agathe. Sachant que la publicité rehausse le témoignage accordé à ceux qu'on vilipende, il rompit en visière avec Mazarin.

Son courage fut récompensé par une lettre, pleine de dignité, rédigée au nom de ses deux cents religieuses, par la Mère Angélique : « Votre « Majesté est trop bonne de vouloir que le ciboire « dont elle nous a honoré soit dans la Gazette « dans un temps où on fait tout pour faire

« croire que nous sommes excommuniées. »

La Reine promit d'écrire en faveur de Port-Royal par l'ambassade que son époux envoyait à Rome. Un nouveau Pape venait d'être élu ; Alexandre VII succédait à Innocent (1655). S'il avait été facile à la souveraine d'accueillir gracieusement Muskry, il lui était impossible de modifier les dispositions hostiles de la cour pontificale ; sa démarche eut le succès négatif de la protestation collective adressée par les religieuses au cardinal de Retz durant son séjour à Rome. Le Pape était fâcheusement disposé ; mais, par politesse, il fit à la Reine une réponse évasive. Port-Royal se flatta que le plan de persécution serait abandonné ; il n'était que différé. La première bulle, lancée par le Souverain Pontife, dissipa les illusions ; Alexandre VII déclarait que les cinq Propositions étaient tirées de Jansénius et condamnées au sens de cet auteur (1656).

Les théologiens protestèrent, et beaucoup d'évêques avec eux, parce que on ne put leur montrer ces cinq Propositions ; on exigea des

religieuses un désaveu officiel. « Comment
« réfuterions-nous une chose que nous ignorons?
« répétèrent-elles. Nous n'avons jamais lu le livre
« de Jansénius; l'aurions-nous eu entre les mains
« nous ne l'aurions pas compris : il est en la-
« tin : notre conscience réprouverait un ser-
« ment sur l'Évangile concernant des questions
« à nous inconnues. » Cette délicatesse faillit les
mener au bûcher : hérésie, rébellion, complot,
il n'y eut crimes dont on ne chargea leur alliance avec les Solitaires. A étudier, dans une
lettre envoyée par la Mère Angélique à **M.** de
Fleury, les rapports qu'ils entretenaient ensemble, ils ne semblent guère inquiétants : « Les
« premiers Hermites ont été mes deux neveux
« Le Maître, qui n'avaient point de goût pour la
« vie religieuse, mais voulaient se retirer du
« monde, un autre neveu M. Luzanci, mon neveu
« d'Andilly et plusieurs autres, sans engagement
« ni changement d'habit. Mon frère aimait Port-
« Royal-des-Champs, y ayant sa mère et ses six
« sœurs. Avec la permission de l'Archevêque de
« Paris, nous y avons envoyé une partie de nos

« Sœurs du faubourg Saint-Jacques, menacées
« de la peste. Ces Messieurs habitent une ferme
« séparée par la basse-cour, excepté le méde-
« cin, deux aumôniers, le chirurgien, le sacris-
« tain, le domestique et mon frère, qui soigne
« nos jardins, malgré ses 67 ans. Ils ne viennent
« à l'abbaye que pour la messe et les offices les
« jours de fête ; les uns gardent le bois, les au-
« tres labourent ; nous ne pouvons, depuis
« la guerre, trouver des fermiers. Les plus capa-
« bles traduisent des livres. » Ne jamais parler,
telle était la devise. Silence ! Le moyen de
s'exciter au combat. La Mère Angélique, quittant Port-Royal-des-Champs, après sa déposition, se faisait scrupule d'aller dire adieu à
M. Le Maître et il n'y avait que le jardin à tra-
verser. Elle prit congé de son neveu, par le
billet suivant : « Mon humeur brusque, altière,
« inconsidérée, jointe à l'habitude de comman-
« der, me fera tout perdre. Priez pour moi,
« vous qui voulez obéir à qui vous ne devez pas,
« qui dois obéir à notre Mère. » Une ardeur de
soumission se révèle dans les lignes précéden-

tes : en effet la confiance donnait tout pouvoir sur le neveu à la tante qui abdiquait le commandement. Une intimité particulière régnait entre eux, fruit de l'estime, plutôt que d'un entraînement instinctif. Dans sa jeunesse M. Le Maître redoutait sa tante : un mot qu'elle avait dit devant lui : « Il ne faut être ni demi-mort ni demi-vivant, » l'avait impressionné : sa hauteur de vues l'intimidait : il fuyait sa présence. Sa cousine, Sœur Angélique de Saint-Jean,'eut grand'peine à le ramener : il aborda sa tante en pleurant. La Mère Angélique, après l'avoir exhorté à méditer la parole qui le troublait, l'envoya à M. Singlin. Un mois après il reparut, et sortit fortifié d'entretiens qui furent désormais trop parcimonieusement accordés à son gré. La Mère Angélique l'affectionnait beaucoup ; jamais elle ne lui avait adressé, à propos d'un mariage qu'il avait désiré contracter dans sa jeunesse, la lettre bizarre qu'on lui a prêtée ; mais elle sut le blâmer vertement, lorsqu'il refusa de livrer à l'impression ses plaidoyers. Il faut dire que M. Singlin désirait

assurer une part dans les bénéfices à une pauvre veuve. Les adieux aux religieuses de Port-
Royal-des-Champs furent chez la Mère Angélique, d'une incomparable simplicité : « Mon
« devoir est de vous demander pardon, en vous
« quittant, des fautes que j'ai commises au gé-
« néral et au particulier, leur dit-elle ; si notre
« Mère me renvoie ici je les réparerai ; j'aurais
« dû vous demander pardon, au Chapître, j'ai
« été retenue par l'appréhension de trop atten-
« drir. Rappelez-vous de ce que nous lisons à
« Matines : Aimez-vous les uns les autres comme
« je vous ai aimés ; qu'en cela on connaisse que
« vous êtes ses disciples. Que nul dans le mo-
« nastère n'accomplisse ses désirs ! les volon-
« tés amènent zizanies qui troublent les com-
« munautés. » La concorde, qu'elle recommandait au couvent, elle souhaitait qu'elle régnàt
dans les consciences. Profitant des dispositions
obéissantes de M. Le Maître, elle l'exhortait
afin qu'il décidàt M. Singlin à convertir l'aca-
démicien Conrart, qui appartenait à la religion
réformée. Elle aurait voulu le monde entier

prévenu de Dieu, selon l'expression dont elle se servait pour annoncer à la Reine la mort de Françoise de Champagne, fille du peintre : « En août (1655) mourut Françoise de « Champagne, prévenue de Dieu depuis son « enfance. Elle vivait céans en religieuse de- « puis sept ans ; ailleurs elle eût été professe à « dix-huit ans, ici, à vingt ans seulement. » Le prosélytisme de M. Singlin était fort entravé par l'état de sa santé ; des abcès le torturaient ; il pouvait, avec difficultés, soutenir à la procession, le Saint Sacrement, sous le dais offert par la Reine.

La Mère Angélique, brisée de migraines, abimée de fluxions, subissait un supplice que ne diminuaient pas ses soixante-quatre années. Tant de souffrances expliquent la valeur minime qu'elle paraît attacher à la vie : « La Sœur Luce « mourut hier, sans que la Sœur qui la veillait « s'en aperçût, » écrit-elle presque distraite- ment, joignant cet unique commentaire : « Je « lui avais dit de communier toujours en·Viati- « que. »

Les nouvelles de Pologne étaient affligeantes :
les Suédois hérétiques saccageaient les Églises
et l'intention, émise par la souveraine, de consulter les astrologues, contristait la Mère Angélique : « Souvent l'effigie de la religion est
« détruite parce qu'elle n'existe plus dans les
« cœurs, » remarquait-elle. Le roi de Pologne
s e défendait dans Cracovie; Charles-Gustave de
Suède s'empara de la ville le 17 octobre, par
t rahison, si on en juge d'après ce conseil de la
Mère Angélique : « Ne cherchez pas à savoir qui
« a payé l'armement des Suédois. » La grande
Pologne était déjà au pouvoir du vainqueur.
Le roi Casimir et la Reine, privés de troupes,
s e retirèrent en Silésie. « Tout ceci devrait faire
« peu d'impression sur notre esprit, » écrivait
la Mère Angélique à M. de Fleury, « aussi peu
« que les éclipses de soleil prédites par les
« almanachs, qui ne nous surprennent point, »
pensée qu'elle reproduisait, en s'adressant
à la Reine : « Au chapitre VI, saint Jean montre
« les princes, les capitaines et les riches qui
« n'auront regardé que la terre se cachant dans

« les cavernes et disant aux montagnes et aux
« pierres : Tombez sur nous et nous cachez à
« la face de Dieu et de l'Agneau ; » seulement
cette fin consolante corrigeait l'âpreté de la
citation : « Saint Jean vit dans ses Révélations
« une troupe glorieuse de saints qui avaient
« des palmes et de longues robes blanches; il
« lui fut répondu que c'étaient ceux qui, étant
« passés par de grandes tribulations, avaient
« lavé leur robe dans le sang de l'Agneau.
« Saint Jean dit: c'est pourquoi ils sont devant
« le trône de Dieu (chapitre VII, Apocalypse). »
Avant de prendre place devant le trône de
Dieu, la Reine remonta sur le sien; Charles-
Gustave, que ses succès avaient grisé, entra en
Prusse, dépendante de la Pologne. Il l'aurait
conquise si Dantzig n'eût refusé de subir le
joug; la résistance se propagea de ville en
ville; Casimir put rentrer dans ses états et la
Reine, après un exil de plusieurs mois, revint
dans son royaume, après la prise de Varsovie
(juillet 1656). Depuis quelque temps, Arnauld
se cachait chez Mme de Bellisi. Grâce à une

irrégularité flagrante, une partie de la Sorbonne
l'avait condamné; les voix des soixante Doc-
teurs, ses défenseurs, s'étaient trouvées étouf-
fées. Les arguments employés afin de capter les
suffrages procédaient de la mystification; dans
une minute d'impatience, la Mère Angélique
les dénonce : « J'espère que M. Singlin ne se
« laissera pas flouer comme tant d'autres amis
« par des propositions fallacieuses d'arrange-
« ment. »

« La vérité fondamentale, écrivait-elle à Ar-
« nauld, est celle que vous soutenez : nécessité
« et gratuité de la grâce. » Il en cuisait de voir
clair : les soixante théologiens, qui avaient
refusé de souscrire à la censure, l'expérimen-
tèrent : la Sorbonne les exclut. La passion pour-
suivit même les morts : on voulut rayer de
l'histoire de M. de Sainte-Marthe l'éloge de
Saint-Cyran. L'Assemblée du clergé oubliait les
services rendus à la religion par Petrus Aurelius.
Combien auraient pu s'écrier avec la Mère
Angélique : « Que serions-nous devenus sans
Saint-Cyran? » Elle, presque seule, se le rap-

pelait. Tandis que l'ensemble de la situation la préoccupait à si juste titre, on ne lui épargnait pas les détails; on la chargeait d'envoyer un prêtre à la Reine : « Surtout qu'il ne soit point « jeune, à cause de la cour, » répétait-elle à M. Taignier, docteur en Sorbonne.

La querelle de Mme des Essarts et de Mlle Josse l'avait mise au courant des dessous de cartes. Mlle Josse était une française, attachée à la maison de la Reine; Mme des Essarts avait mission de distribuer à Paris les aumônes expédiées de Pologne. Qu'il y eût irrégularité dans les envois, ce qu'expliquerait la dureté des temps, ou que la mandatrice embrouillât ses comptes, de perpétuelles contestations s'élevaient entre les deux dames; tantôt les aumônes tardaient des mois entiers, tantôt Mme des Essarts, prétendant avoir avancé de l'argent, entendait rentrer dans ses fonds. « Qu'on ne réclame rien à la Reine, » enjoignait la Mère Angélique ; on ne l'écoutait pas. Mlle Josse manifesta alors le désir de revenir à Paris; la souveraine s'y opposa. Il en résulte une aigreur réciproque. « Vous

« ne pouvez quitter Sa Majesté pendant qu'elle
« est malheureuse, » représentait la Mère Angélique à la mécontente ; et plus tard : « La
« froideur de la Reine cache peut-être beaucoup
« d'affection. » Il paraît que la permission fut
accordée, car on lit ce passage, dans une lettre
datée de 1657 : « Vous pourrez faire la révé-
« rence à Mme de Longueville, qui sera à Rouen,
« où vous passerez, venant par Dieppe et le
« Havre. » En attendant, Mme des Essarts et
Mlle Josse échangeaient des propos désobli-
geants : « Le malin esprit, ennemi de la charité,
« sème la zizanie pour étouffer le froment de la
« sainte amitié, » disait la Mère Angélique.
Que les amis du moins restent unis ! aurait-
elle pu ajouter ; les adversaires, eux, parfaitement d'accord, frappaient les grands coups. Le
30 mars 1656 le lieutenant civil d'Aubray se
transporta à Port-Royal afin d'expulser les
Solitaires et disperser leurs élèves ; il se heurta
à des ermitages déserts et des écoles vides ; il
ne put que constater l'exiguïté des locaux et
l'absence de chapelle. Quelques jours aupara-

vant la Mère Angélique avait mis au courant
des précautions prises M. Le Maître, réfugié
près d'Arnauld : « Les Hermites sont partis
« avec les quinze enfants : d'Andilly le surlen-
« demain. Nos Sœurs l'ont ignoré sur le mo-
« ment. » Elle redoutait des protestations trop
violentes de son neveu, dont l'infirmité exas-
pérait les nerfs, et une explosion de colère de
la part de M. Destin ; tel était le nom, adopté
par Arnauld, pour dépister les recherches :
« Modérons nos expressions, lui écrivait-elle,
« fourberie, vendus, barbarie ; votre lettre doit
« être très belle, le silence ne vaudrait-il pas
« mieux ? gardons que l'activité de notre es-
« prit nous trompe. » L'avertissement était
bon ; à le suivre, M. d'Andilly gagna de se
réinstaller subrepticement dans son ermitage ;
un à un ses compagnons le rejoignirent, mais
quel mystère s'imposait ! Les méchants étaient
aux écoutes, la malignité exploitait tous les in-
cidents. En janvier et février, neuf religieuses
moururent ; la Mère Angélique était réduite à se
féliciter que les cancers, érésypèles et sembla-

bles cruelles maladies les eussent frappées au
faubourg Saint-Jacques : « Heureusement, point
« aux Champs, on s'en prendrait à eux. » Dans
un endroit, autant que dans un autre, les nonnes étaient : « vieilles, cassées, » ce qui ne
les empêchait pas d'échanger des « cilices bien
« faits ». Un jésuite vint inquisitionner : « Anne
« d'Autriche a commandé à l'Assemblée du
« clergé de nous pousser à bout, écrivait la
« Mère Angélique; on veut donner Port-Royal
« aux dames de Fontevrault. » On en était là
quand, au mois d'avril 1656, un événement extraordinaire se produisit. En rapprochant deux
lettres de la Mère Angélique la question est ré-
sumée : « Un bon prêtre mon cousin, M. le Roy
« de la Potherie, nous a envoyé une Épine de
« la couronne de N. S........ le miracle qu'elle
« a opéré arrêtera peut-être la persécution, »
disait-elle dans la première missive, et dans la
seconde : « L'huile de cette miséricorde de
« Dieu, tombant sur le feu de colère qu'on a
« attisé contre nous, le fait plus ardent. » Elle
parlait du célèbre miracle de la Sainte Épine;

la jeune Marguerite Périer, pensionnaire à Port-Royal, souffrait d'une tumeur au nez ; l'opération du feu venait d'être reconnue indispensable lorsqu'une religieuse approcha la relique de la partie malade ; l'attouchement guérit instantanément Marguerite. M. Périer, arrivant désolé d'Auvergne, afin d'assister à l'opération, ressentit, près du faubourg Saint-Jacques, un grand mouvement de joie : à son entrée au couvent il trouva son enfant rétablie. Il demeura convaincu que Dieu lui avait ainsi appris cette grâce. Le prodige redoubla la mêlée ; la Mère Angélique transmet à la reine les appréciations contradictoires : « Les « uns disent que c'est pour nous convertir, « les autres qu'il aurait eu lieu à Charen-« ton ».

M. Délencé, le chirurgien dont le rapport avait conclu à l'application du feu, certifia la guérison ; le grand-vicaire, député par l'archevêché, enregistra le miracle; dès lors une foule compacte envahit l'Église de Port-Royal de Paris, où était déposée la Sainte-Épine. Le

surnaturel exerçait son charme sur les imagi-
nations ; on brocha récit sur récit. Tantôt une
religieuse recouvrait la vue, tantôt des douleurs
de sciatique cédaient; une paralytique reprenait
sa marche, un ulcère à la joue disparaissait. Il
suffisait que la chemise d'Angélique Portelot
touchât la Sainte Épine pour que des convulsions cessassent; l'âge de la jeune personne :
treize ans, — la situation de son père : procureur — écartaient les suspicions. En haut lieu
on pensait différemment : la révocation de
M. du Saussai l'atteste: une commision de grands
vicaires fut nommée et procéda à une vérification sévère. A quoi bon ? l'engouement approchait du délire; chaque vendredi, jour de la
Sainte Épine, cinquante carrosses remplissaient
le faubourg Saint-Jacques, la Princesse Palatine
demandait une Neuvaine, la Grande Made-
moiselle se transportait en personne à Port-
Royal. « Heureuses les religieuses qui n'ont
« aucun tracas temporel, » disait la Mère Angélique. Ce va et vient l'effarouchait; elle redoutait la dissipation chez ses Filles, les repré-

sailles des adversaires. On parlait déjà de changer les confesseurs.

Son langage conserve toute sa mesure : « Une
« religieuse, coadjutrice en un monastère d'Au-
« gustines de Meaux, Mlle de La Vieuville,
« depuis trois ans en traitement chez sa mère,
« souffrait d'enflure d'estomac, raconte-t-elle à
« la Reine; un médecin huguenot lui parla de
« nos miracles et lui apporta des linges. Ins-
« tantanément guérie de son évacuation, elle se
« leva, alla à Saint-Paul sa paroisse. Le duc de
« Bournonville, son beau-frère, l'a dit au Louvre
« le curé de Saint-Paul, le médecin, le publient,
« d'où irritation terrible. Le lendemain, elle
« vint chez nous avec sa famille en quatre car-
« rosses; elle voulait revenir, le père Saint-
« Juste, un Jésuite, l'en empêcha. » L'enthousiasme populaire achevait de mettre le feu aux
poudres.

Mlle de Roannès, étant venue implorer guérison d'un œil et l'ayant obtenue, fut touchée de
la grâce et, après sept mois passés en Poitou,
revint à Port-Royal : sa mère furieuse la rap-

pela. Anne d'Autriche expédia une lettre de cachet et Mlle de Roannès fut retirée de force du couvent; mais la nuit précédente elle se coupa les cheveux, ce qui la liait à la vie religieuse. Sa résistance fit école : en 1658, Anne d'Autriche devait se heurter à une opposition semblable : la marquise d'Aumont avant de mourir à Port Royal de Paris avait prié Mme de Montglas, sa sœur, de laisser ses deux nièces avec les soixante-treize petites pensionnaires que comptait à ce moment l'école de Port-Royal-des-Champs, Mme de Senecé persuada à Anne d'Autriche de commander à M. de Montglas de retirer ses filles : l'aînée déclara aussitôt se faire religieuse. Devant de telles convictions la violence échouait ; on pouvait changer les confesseurs ; les cœurs — point. On s'inscrivait trois mois d'avance, afin d'assister le vendredi aux messes de cinq heures du matin; jusqu'à midi, les fidèles se pressaient. Nombre de prières étaient exaucées.

C'est toujours la Mère Angélique qui nous renseigne : « Le 17 mai, jour de la Sainte Tri-

« nité, la petite Baudrand, atteinte d'une tumeur
« considérable au bas-ventre, fut guérie en s'age-
« nouillant devant la Sainte Épine ; malade de-
« puis deux ans, elle ne pouvait parler depuis
« le jeudi saint ; le chirurgien était épouvanté ;
« … une autre fille, boiteuse de naissance,
« avait une jambe de sept pouces plus courte,
« ce fut constaté par Mlle Cuvilliers ; elle était
« si faible qu'elle en devait mourir. Elle voulut
« faire une Neuvaine ; le quatrième jour sa
« hanche se remit : elle était allongée de six
« pouces, Mlle Cuvilliers l'a constaté. A la fin
« de la Neuvaine les deux jambes étaient éga-
« les, elle se confessa avec autant de jugement
« que si elle avait vingt ans. On l'avait crue
« imbécile ; elle était bègue et parle bien,
« sourde d'un côté et elle entend, elle avait
« une taie sur l'œil qui a disparu... « Elle veut
« se faire religieuse. » Il ne faudrait pas se fi-
gurer, cependant, la Mère Angélique accumu-
lant les cas fabuleux et composant un dossier
à l'actif de la Sainte Épine ; sa respectueuse
crainte de Dieu la préservait de la superstition,

son culte était placé sur des cimes d'où la bi-
gotterie ne pouvait le faire descendre. Instinc-
tivement elle répudiait l'idée des phénomènes ;
— ceux-ci laissaient-ils des doutes, elle refusait de les accepter ; deux miracles s'étant
opérés à Hautes-Bruyères elle avertit M. l'abbé
du Tronchay : « Que l'attestation du médecin ne
« suffit pas, n'étant point signée des religieuses
« de la Communauté ». Selon son dire : « Un
dogme de foi vaut mieux qu'un dogme
de santé, » à plus forte raison qu'un pseudo-
prodige. Elle consentait bien à ce qu'on publiât
un État des miracles, mais elle requérait dis-
crétion et prudence. Les commentaires la scan-
dalisaient : « Sachez, signifiait-elle à une religieuse, que Dieu ne fait point de miracles
pour nous faire discourir. » La turbulente
marquise de Sablé ne lui obéissait guère ; après
être restée des mois sans donner signe de vie,
elle entamait, de Port-Royal de Paris, à propos
du miracle, une correspondance interminable
avec Port-Royal-des-Champs où était retournée
la Mère Angélique, et la gourmandait à cause

de la rareté de ses réponses : « Je ne vous ai pas
« répondu, reprenait celle-ci, sachant que vous
« appréhendez le mauvais air où j'ai vécu, par la
« mort de trois religieuses. » La pusillanimité de
la marquise méritait la raillerie. On changea décidément les confesseurs; M. Le Maître de Saci fut
intronisé à Port-Royal-des-Champs ; près de
Port-Royal de Paris on nomma M. Singlin. Beaucoup furent déconcertés lorsque le cardinal de
Retz l'établit Supérieur des deux Maisons; au
cours de l'inspection qu'il passa aux Champs
et à Paris, il déploya, à l'endroit des caquets,
une sévérité qui désappointa les rapporteuses. La
Mère Angélique, au contraire, bénit le collabo-
rateur zélé. Malheureusement M. Singlin « au
visage terrible » ne put intimider les persécuteurs. La reine de Pologne, informée de leur
audace, daigna écrire aux Ermites et aux religieuses et leur proposa de nouveau un
refuge dans son royaume. L'abri n'eût peut-
être point présenté la sécurité désirable. Ra-
gotsky, prince de Transylvanie, avait conclu
un traité avec Charles-Gustave de Suède et,

sous prétexte d'un affront qu'on lui aurait fait
au moment de l'élection de Casimir, était
entré au mois de janvier en Pologne avec
300.000 hommes. La Mère Angélique continua
donc comme par le passé à vivre au milieu des
assauts : il fallait tourner ses espérances vers
les célestes régions; la patrie terrestre se mon
trait marâtre; les défections se chiffraient par
centaines, les soldats s'éparpillaient, alors que
des masses compactes auraient à peine tenu en
respect les ennemis. Désespérant de les anéan-
tir, Port-Royal fit une neuvaine à l'intention de
leur conversion. La mort apportait son concours
aux adversaires ; elle décimait les fidèles. Au
mois de décembre 1658 succomba M. de Fleury;
dans le même mois mourut la marquise d'Aumont, complice du directeur de la reine de
Pologne dans la pieuse traîtrise qui a révélé aux
profanes les lettres de la grande Abbesse ; M. Le
Maître expirait à Port-Royal-des Champs, huit
jours après que le cardinal Mazarin lui eut permis d'aller y travailler à une Vie des Saints, à
laquelle il comptait consacrer cinq ans. Se

voyant pris par la mort : « Dieu ne me trouve
« pas assez saint pour parler des Saints, » dit-
il avec une touchante modestie. Ces vides
attristaient la Mère Angélique, mais elle ne voulait pas se plaindre : « J'expérimente que les ins-
« tructions de ces âmes s'impriment beaucoup
« plus, après qu'elles sont rentrées en Dieu
« par la mort que durant leur vie, déclarait-
« elle. M. de Saint-Cyran, M. de Genève, mon
« père, me faisaient avoir crédit et faveur dont
« j'avais besoin et m'aimaient fort : Dieu m'a
« fait la grâce de ne jamais me troubler de leur
« mort.» Sur ce on l'accusait d'indifférence. Comment convient-il donc d'appeler la résignation
chrétienne? Si elle n'avait porté la retenue au
milieu même de la douleur, aurait-elle pu persé-
vérer jusqu'à l'âge mûr dans la ligne de conduite
que M. L'Argentier, abbé de Clairvaux, mort en
odeur de sainteté, caractérisait naguère en écrivant à Mme l'abbesse de l'Eau : « Tout Paris
« admire la prudence dévotieuse et le zèle re-
« ligieux d'une Abbesse de dix-huit ans qui a ré-
« duit son monastère en belle observance, avec

« clôture régulière et charité de communauté. »
La carrière était vaste, le but magnifique, la con-
centration des facultés intellectuelles nécessaire,
afin d'arriver à bonne fin. La Réformatrice avait
l'esprit de volonté, adouci par les frottements
quotidiens ; organisatrice merveilleuse, elle
répartissait les ressources mises à son service.
L'énergie n'était-elle pas la première ? La
Réforme accomplie à Port-Royal proclamant
une supériorité, — qu'elle eût préféré tenir
secrète,— ses conseils se recherchaient, ne de-
vait-elle pas rester en entière possession d'elle-
même ?

CHAPITRE VI

L'affaire des Annonciades de Boulogne montre de quelle manière la Mère Angélique comprenait la direction des religieuses. Il est curieux de parcourir sa correspondance ; mieux que les commentaires elle atteste la supériorité de son intelligence. L'anarchie régnait parmi les Filles : les unes, Cordons Blancs, tenaient pour les Cordeliers ; les autres, Cordons Rouges, acceptaient, quoique indocilement, la juridiction de l'Évêque, Mgr Perrochet. L'abbé Macquet, leur aumônier, était en butte à mille vexations ; suspect aux nonnes à cause de ses fonctions, l'Évêque le desservait parce qu'il le savait Janséniste. C'en était trop; l'abbé regimba. La Mère Angélique s'associait à ses tribulations; ainsi démêlait-elle le juste de l'injuste: « Les jugements de Dieu sont « inconcevables; j'ai appris que saint Augustin « a vu avant sa mort détruire toutes les églises « qu'il avait établies par un conseil qu'il avait « donné. Je crains que les Cordons Blancs ne « soient causes des calomnies que l'on fait contre « vous et que ces Filles ne se servent de vos « bonnes instructions pour condamner les « fautes des autres, au lieu de les appliquer à « retenir leur esprit dans l'humilité. »

L'Évêque ayant ressaisi son autorité, elle engageait à la respecter, malgré les divergences d'opinions : « Il faut se soumettre à l'Évêque, « qui n'est point corrompu dans ses mœurs et « qui croit, comme beaucoup d'autres, que vous « errez dans une doctrine dans laquelle il n'ap- « partient nullement aux Filles de discuter, étant « incapables; il défend, dit-on, d'invoquer la « grâce, et c'est très fâcheux pour lui. Il faut

« avoir pitié de cette horrible prévention, mais
« il ne défend pas le Pater ni les prières de
« l'Église dans lesquelles on invoque cette divine
« grâce. Que les Filles ne fassent que pleurer
« devant lui au lieu de s'emporter dans un zèle
« indiscret; il finira par les préférer aux Cordons
« Violets. Surtout qu'elles ne refusent pas de se
« confesser à Monseigneur, s'il le fait ainsi qu'il
« le promet, et ne disent point, ce qui est exor-
« bitant, qu'elles aimeraient mieux ne jamais
« se confesser. — Cette pauvre Maison me fait
« grand'pitié, reprenait-elle ; on a tort de re-
« gretter les changements, car la conduite des
« Cordeliers était pire et se fût toujours empirée
« au lieu que celle-ci peut s'amender : toute
« dévotion qui n'est pas fondée sur la vérité,
« conduite et réglée par elle, ne rend pas les
« hommes plus sages ni leur conduite meil-
« leure. » Sa considération pour des Filles,
brouillonnes et raisonneuses, était mince; néanmoins elle recommandait d'user de ménagements
envers elles : « J'ai oublié de vous supplier de
« ne leur rien enjoindre des satisfactions publi-

« ques, si ce n'était qu'elles eussent fait quelque
« action publiquement scandaleuse, car c'est la
« grande tentation des Filles qui ne sont pas
« encore mortifiées, et rien ne leur est dur en
« comparaison de cela. Que la Mère prenne garde
« soigneusement que pas une n'ait la hardiesse
« de remarquer celles qui ne communient pas. »
Elle cherchait à aider M. Macquet en donnant
d'utiles avis à la Supérieure. L'obscurité étant
le principe de la vie monacale : « Moins on parle
« de nous en ce monde, lui écrivait-elle, moins
« on nous connaît, plus Dieu et les anges nous
« aiment. » Elle lui prêchait la prudence, obligatoire chez quiconque a charge d'âmes : « Au
« nom de Dieu, faites que les Annonciades n'at-
« tirent point de filles pour être religieuses ;
« pas même des pensionnaires ; qu'elles reçoi-
« vent seulement celles qu'elles voient que
« Dieu leur envoie. » Elle revenait sur la question
des cadeaux : « Qu'elles n'en souhaitent point, ni
« de beaux parements pour l'Église : tout cela
« sont les plus dangereux filets du diable pour
« prendre les religieuses. » « Les Filles hardies

« démons du midi et des monastères, et dont
« les timides sont encore plus malaisées à gué-
« rir, » poussèrent à bout la patience de l'abbé
Macquet; il parla de se retirer : « Vous voulez
« quitter ces Filles à cause de la persécution
« qu'on vous fait, répondit la Mère Angélique; je
« vous supplie de ne point les abandonner au
« moins que Dieu n'ait disposé de cette pauvre
« Mère. Il y a apparence que cet automne l'em-
« portera. » La Supérieure dont la santé inspirait cette réflexion démérita, à en juger par les
lignes suivantes :

« Je hais les cabales pour quelque raison
« que ce puisse être; si la Mère N..., en l'état où
« Dieu la réduit, pense à autre chose qu'à se
« préparer, par la pénitence et humilité, à aller
« rendre compte à Dieu de ses fautes, je la tiens
« pour plus misérable en son âme qu'en son
« corps. Elle doit regarder les misères de sa
« Maison avec gémissement et humilité en s'es-
« timant coupable et croyant que, si elle avait
« été plus fidèle à Dieu pendant qu'elle l'a gou-
« vernée, apparemment les choses ne seraient

« pas venues où elles sont; au surplus, si elle
« veut retourner sous la conduite des Cordeliers,
« elle fait très mal à mon avis, c'est repousser
« un mal par un plus grand. Elle sait bien que
« ces personnes n'ont point Dieu dans le cœur
« et que, bien que le gouvernement actuel ne
« soit point tel qu'il devrait, au fond, ce n'est
« pas à cause de la volonté malicieuse des per
« sonnes de qui elles dépendent et qui sont très
« éloignées de les porter à la corruption des
« mœurs comme les autres, mais c'est ignorance
« et punition, à cause du mauvais usage que
« ces Filles, et surtout cette Mère, ont fait de
« la charité qu'on a eue pour elles et de leur
« indépendance. Si cette Mère se fût bien com-
« portée avec patience et humilité, elle aurait
« empêché le désordre présent, auquel je crains
« qu'elle ne se veuille opposer, par son intérêt
« et son humeur naturelle, et non par l'esprit
« de Dieu qui est toujours patient et humble, et
« non turbulent, intéressé et plein de ressenti-
« ment humain. En l'état qu'elle est, elle ne
« devrait pas souffrir qu'on lui dise un mot de

« cette Maison; si vous ne servez à la réduire
« en cet état, elle abuse de votre charité. » Cette
Supérieure ne succomba point à sa maladie,
car elle s'attira ultérieurement une semonce de la
Mère Angélique, à laquelle elle avait demandé
son portrait : « Je vous dis devant Dieu que
« je croirais l'offenser mortellement de consentir
« que l'on me tirât. » Quelques mois après,
malgré ses regrettables concessions, elle fut
déposée; la Mère Angélique la console alors
en ces termes: « Il est impossible d'être occupée
« au salut des autres et aux affaires extérieures
« sans contracter quelques tâches, » ce qui était
l'extension logique de cette citation : « Un des
« enseignements les plus universels de M. de
« Saint-Cyran, c'est que si la charité n'augmente
« autant que les connaissances, la connaissance
« nous est préjudiciable, de sorte qu'à mesure que
« nous recevons une lumière il faut en demander
« la grâce à N. S. J.-C. et essayer de la pratiquer,
« avant que de vouloir en recevoir une autre. »
Les Annonciades ne cessèrent point de s'entre-
déchirer; une d'entre elles, écœurée du spectacle

que présentait sa communauté, regarda du côté
de la Mère Angélique. Il serait difficile d'accuser
celle-ci de captation; voilà comment elle échauf-
fait l'enthousiasme de l'aspirante : « Vous auriez
« grand tort de sortir d'une Maison pour venir
« chercher une personne âgée et infirme, n'ayant
« peut-être qu'un an ou deux à vivre. A quoi
« bon aller chercher bien loin la même chose,
« quand ce ne serait que pour le respect de la
« clôture que les religieuses doivent aimer? »

Elle accentuait la rudesse : « N'usez plus de
« ces mots papa, maman ; ces mignardises à
« la mode sont ridicules pour une religieuse ;
« vous savez, je ne sais point flatter, si Dieu
« vous amène avec moi, vous le verrez encore
« mieux. » Au lieu de venir à Port-Royal, l'Annonciade fut envoyée dans un monastère de
l'Ordre de Citeaux; elle poursuivait son obédience et témoignait le désir de l'accomplir
au Val-de-Grâce.

« La peine que vous manifestez de faire un
« noviciat, parce qu'il y a six ans que vous
« êtes professe, ne m'a pas seulement surprise,

« mais humiliée, lui répondit la Mère Angéli-
« que. Est-ce là le fruit de six ans de profession
« de ne point savoir s'humilier ? Il y a cin-
« quante ans que je suis professe, si Dieu le vou-
« lait je m'estimerais heureuse de passer,
« non pas un an, mais le reste de mes jours,
« novice. Vous ne savez ce que vous demandez,
« quand vous désirez venir céans, puisque nous
« faisons faire trois années de noviciat, et si
« elles ne sont parfaitement faites, nous les
« doublons ; des religieuses de quarante ans de
« profession, qui avaient été Supérieures, y ont
« passé et ont pleuré de bon cœur quand on les
« a fait sortir du noviciat. Vous appréhendez
« de commencer à cette heure, de peur que, les
« affaires de ces bonnes religieuses ne se faisant
« pas de sitôt, cela prolonge votre noviciat.
« J'admire encore cette belle pensée de le faire
« en un lieu où on ne vous connaît pas et d'a-
« voir écrit au Val-de-Grâce ; elles ont bien
« fait de vous refuser ; c'eût été un beau sujet à
« une religieuse de faire quatre-vingts lieues de
« pays aller et revenir, dépense bien employée,

« pour faire un noviciat contre les règles en
« une autre Maison que celle où on doit être
« reçue ! Considérez, pauvre enfant devant
« Dieu, ce que la vanité opère en vous : je ne
« sais point flatter ; si vous n'avez pas pour
« agréable ce que ma sincère affection me dicte,
« n'espérez de moi que le silence dans lequel je
« continuerai à prier pour vous. » Elle s'enquit de la manière dont sa mercuriale avait
été reçue, près de la Supérieure, tout en
s'étonnant que cette dernière eût écrit au
Val-de-Grâce : « Si vous servez cette pauvre
« fille dans ses sentiments imparfaits, ce qui
« paraîtra de bon en elle ne sera qu'une mai-
« son bâtie sur le sable et tombant en ruines. »
L'Annonciade pénétra l'intérêt, dissimulé
sous la forme revêche, et continua de recourir
aux lumières de la Mère Angélique : « Quittez
« votre bréviaire ; il vaut mieux assister au
« chœur que de dire son Office en particulier, »
lui recommandait-elle. Franchement, elle lui
écrivit, lorsqu'il fut question d'un changement de monastère : « Obéissez à votre Évê-

« que ; s'il vous envoie à Chanteloup, ne vous
« amusez pas à vos raisonnements, vaines
« craintes et ne parlez plus de dévotion-grimace,
« ce n'est pas à vous de juger. » Le projet
échoua, — déplaisir vivement ressenti d'après
ce qui suit : « Un de vos amis mandait que les
« pieds vous manquaient. Résignez-vous, res-
« tez chez les Bénédictines, car, à Boulogne,
« vous auriez intelligence avec l'abbé Macquet,
« qui serait cause de soupçon. La première
« vertu d'une religieuse est l'obéissance et je
« suis aise que vous me disiez d'adresser mes
« lettres à la Supérieure Bénédictine. M. Sin-
« glin vous fait dire, quant à vos pénitences, de
« faire celles de l'esprit, votre santé étant faible et
« vous sobre. » Les murmures ne perdirent pas
leurs droits et indisposèrent l'Évêque de Boulogne qui écrivit à ce sujet contre Port-Royal.
La Mère Angélique, apitoyée pas les doléances
de l'Annonciade, la fit recevoir à l'abbaye de Gif,
au mois d'avril 1654 ; elle paya les frais
d'admission : deux cents livres. Le repos n'y
fut point conquis pour la nouvelle venue, car

sa protectrice lui écrivait : « Vous ne pouvez
« entrer à Argensols (abbaye de l'Ordre de
« Citeaux, diocèse de Soissons); choisissez entre
« Chablis, votre Maison de profession, ou
« Madame votre mère. Priez l'Évêque de déci-
« der. » Enfin, le 2 novenbre 1658, l'Annonciade
réalisa son rêve : Port-Royal lui ouvrit ses portes.
La Mère Angélique se laissait approcher. Depuis
des années les difficultés de transports les em-
pêchaient de se réunir, ce qui prouve que, pas
plus que la captation, la séduction personnelle
n'intervenait dans la direction des consciences :
c'était leur première entrevue.

A peine initiée aux charmes de la piété telle
qu'elle la concevait, l'Annonciade se vit troublée. Le tumulte asourdit le sanctuaire, le
Miracle de la Sainte Épine arriva au retentis-
sement. L'Évêque de Boulogne se prétendit
offusqué et parla de rappeler l'Annonciade à sa
Maison de profession. Il fléchit, mais partielle-
ment ; nous retrouvons la religieuse à l'abbaye d'Argensols, à laquelle le Mercredi des Cendres 1659, une supplique pour que l'Annon-

ciade fût gardée gratuitement était expédiée par la Mère Angélique. En général, elle n'augurait rien de bon des voyages. Parmi les Annonciades de Boulogne, la manie des déplacements sévissait autant qu'à l'abbaye de Gif. La Mère de Saint-Maur, religieuse dans ce couvent, entama des instances afin d'entrer à Port-Royal : « Nous devons porter respect à « notre vœu de stabilité, lui répondit la Mère « Angélique, et ne point changer sans grandes « raisons. » Ces raisons avaient trait à un dissentiment entre la Mère de Mornai-Villarceau, abbesse de Gif, et la Mère de Saint-Maur, car la Mère Angélique lui disait : « Ne vous avancez « ni ne vous retirez de votre Abbesse. »

Les religieuses de Gif avaient déserté leur abbaye, parce que la guerre ensanglantait les environs et s'étaient retirées dans un château, proche de Chartres. Leur sécurité étant de nouveau compromise, on se souvient qu'elles se retirèrent à Port-Royal, quoique la plupart d'entre elles fussent hostiles au monastère. Une fréquentation intime dissipa leurs préven-

tions : les Filles nouèrent les relations amica-
les primitivement circonscrites aux Abbesses.
La Mère Angélique déclina l'indemnité que la
Mère de Mornai-Villarceau lui proposait, afin de
défrayer Port-Royal de ses dépenses : « Ne me
« parlez plus jamais de pension pour le temps
« que vos Sœurs ont passé ici durant la guerre,
« écrivait-elle, il se pourra quelque occasion où
« quelques-unes des nôtres iront chez vous. » La
conclusion de la lettre indique pourtant qu'on
ne roulait pas sur l'or : « L'année est si misé-
« rable qu'on ne sait plus auquel entendre : nous
« devons prier Dieu qu'il élargisse le cœur des
« riches pour avoir pitié des pauvres. » La Mère de
Mornai-Villarceau l'interrogeait sur des matières délicates : « M. de Sainte-Beuve est fort d'a-
« vis pour ce qui est du Visiteur, que vous élisiez
« un régulier ou un séculier ; je ne demande-
« rais point le consentement des Sœurs, il suf-
« fira, à l'heure de l'élection, de leur dire que
« vous avez la permission ; il sera mieux de
« les surprendre, qu'elles n'aient pas le loisir
« de consulter les religieux, qui le leur feraient

« trouver mauvais. » Ce conseil était-il le résultat des impressions recueillies durant le passage des religieuses à Port-Royal ou dicté par l'antipathie de la Mère Angélique à l'égard des religieux? En tout cas, la Mère de Mornai-Villarceau recevait toujours un avis précis : « Vous voulez transporter votre monastère à « Paris? je me suis laissée persuader par les « mêmes raisons que vous alléguez et je m'en « suis repentie; j'ai reconnu que, plutôt que « Dieu, j'avais consulté mes secrètes inclina-« tions et les hommes. Sans le secours de Dieu « nous eussions été ruinées ; depuis cette ex-« périence je hais Paris; la première raison « qu'ou nous donnait est autorisée du concile « qui ordonne de transporter les monastères « dans les villes : nous sommes aussi en sûreté « que dans les faubourgs de Paris; la seconde, « que nous serions près des serviteurs de Dieu : « on en jouit moins. M. le curé de Saint-Nico-« las nous a donné plus facilement quinze jours « que quinze heures à Paris. Vous serez im-« portunée par des personnes qui, sous prétexte

« de direction, font perdre le temps aux reli-
« gieuses. Le transport vous coûtera plus cher
« que vos hôtes. » Ces velléités de translation
n'eurent point de suite ; la mort trancha les
jours de Mme de Mornai-Villarceau. La Mère de
Saint-Maur comptait sur sa succession et à
juste titre : elle était prieure de Gif et les religieuses l'avaient élue abbesse. L'omnipotence
du Garde des Sceaux, M. de Châteauneuf, inva-
lida l'élection. La cupidité convoitait l'héritage ;
M. de Châteauneuf le confisqua au profit d'une
de ses pupilles, Mme de Morant. La Mère Angélique eut fort à faire d'étouffer les révoltes.
Il y a enfantillage à s'insurger contre certaines spoliations ; le Garde des Sceaux, cassant
l'élection, patronnant une abbesse de vingt-deux
ans, il était évident que la religion le préoccupait peu : il entendait pourvoir une de ses créatures. Se résigner était sage, il fallait seulement craindre les combinaisons bâtardes :
« C'est au fond du cœur que doivent se faire
« les sacrifices, écrivit la Mère Angélique à la
« Mère de Morant ; il faut supporter ses mortifi-

« cations. S'il arrive, par les Bulles de Mme vo-
« tre Abbesse, qu'on laisse la charge de la
« Maison à la Prieure jusqu'à ce qu'elle ait
« trente ans, on dira que, tout ce que vous ferez
« ce sera par jalousie de n'avoir point été
« nommée. Il ne faudra pas vous cabrer sur
« des choses dont Dieu pourra vous délivrer
« par sa grâce. Il y aura des religieuses qui
« s'insinueront dans les faveurs de l'Abbesse
« par flatteries, cela déplaira aux autres qui
« en parleront et cela formera des partis. Ses
« parents seront à charge, dit-on, au monas-
« tère, cela est mal si cela est ; néanmoins, il
« est aussi très mal que des religieuses montrent
« tout d'abord qu'elles ont plus d'appréhensions
« de la disposition du spirituel que du tempo-
« rel, en sorte qu'une bonne ménagère de qui
« les parents feraient du bien à la Maison sera
« plus estimée qu'une qui cherchera la justice.

« Pour sa réception ne lui faites aucune haran-
« gue ; ce n'est pas le métier des Filles. »

Ne nous épuisons pas en fadaises, semblait-
elle dire, lorsqu'elle ajoutait : « Je vous supplie

« de ne pas me traiter de Révérende ; pour vous y
« obliger, je ne vous traite pas de Mère comme
« je le devrais. » Il advint que Mme de Morant,
prise de repentir, désira rentrer dans la légalité et se jeta dans les bras de la Mère Angélique. Celle-ci, heureuse de ses dispositions, les modérait, quand elles tournaient à l'exagération. « Portez une ceinture de fer le vendredi,
« mais qui ne vous mettra pas de mauvaise hu-
« meur ; donnez-vous la discipline, quoiqu'il
« vaille mieux la recevoir d'autrui ; ne vous
« plaignez jamais de ce qui vous incommode :
« boire, manger ; qu'il n'entre dans votre cel-
« lule que les Filles qui y ont à faire. » Sitôt
convertie Mme de Morant voulut se démettre ; en
1654, la mort de M. de Châteauneuf lui aurait
facilité la retraite ; malheureusement un refus
formel s'éleva de la part de la famille de la
jeune dignitaire ; des propos acérés ridiculisè-
rent son désintéressement. La Mère Angélique
la réconfortait : « Moins vous répondrez aux
« discours, plutôt ils cesseront, lui écrivait-elle ;
« ce sont des pierres de scandale que l'esprit

« malin jette en votre chemin pour vous faire
« tomber. Résignez-vous puisque Dieu vous a
« fait connaître ce qu'il cache à beaucoup qu'il
« faut être la dernière pour ne pas se dam-
« ner étant la première. » A l'aide d'un biais
les parents ambitieux espérèrent maintenir en
charge l'abbesse ; mais la Mère Angélique la
détourna des compromis : « Pour ce qui est de
« faire une Coadjutrice, vous n'êtes pas en
« âge, » disait-elle. Afin de l'engager à la patience
elle lui énumérait les œuvres de Mme de Mornai-
Villarceau qui, durant les treize années qu'elle
avait gouverné l'abbaye, avait rebâti l'église
et la plupart des lieux réguliers. L'abbesse
était reconnaissante de cet intérêt ; elle marquait son attachement à Port-Royal en lui
envoyant un troupeau de génisses et méritait
des louanges pour avoir admis au chœur une
religieuse dépourvue de dot. Elle fit plus : sa
Directrice eut la joie d'écrire à la reine de
Pologne : « Mme de Morant s'est démise à l'insu
« de ses parents ; elle était depuis trois ans Ab-
« besse à la place de celle qui avait été élue ;

« elle lui a remis le pouvoir et est venue à
« Port-Royal de Paris, pour y faire son no-
« viciat. »

Mme de Saint-Maur était enfin abbesse ! un
revirement se produisit chez elle : après s'être
désolée du déni de justice, dès qu'elle fut en
possession de son siège, elle se répandit en
lamentations. La Mère Angélique le lui reproche : « Que craignez-vous de l'élèvement ? lui
« demande-t-elle. Vous aurez plus de sujets
« d'humiliations qu'en étant religieuse. Sur-
« tout ne parlez point de votre peine pour dé-
« charge, cela ne fait qu'affaiblir ; c'est cher-
« cher une vaine satisfaction, outre qu'il peut
« y avoir une crainte vaniteuse, que nous som-
« mes aises d'être abbesses si nous ne témoi-
« gnions notre répugnance. Ces tricheries éloi-
« gnent de nous la grâce de Dieu. » Ramenée
à la vérité des choses, la Mère de Saint-Maur finit
par où elle aurait dû commencer : se réjouir
de son élévation. Elle ne garda point rancune à
la Mère Angélique, qui alla lui rendre visite à
Gif avant de gagner Paris à l'époque de sa

propre déposition. Mme de Morant l'accompagnait, halte médiocrement attrayante pour la jeune convertie ; quoiqu'elle eût abdiqué volontairement, revenir novice dans son abbaye c'était exiger beaucoup de son humilité : « L'ancienne Dame a plus pleuré que ri, écrivait la « Mère Angélique ; néanmoins on l'a bien civilement traitée. » Elle ne lui permettait point les défaillances ni même d'implorer le secours de M. Singlin : « Il n'y a pas nécessité de visites, « lui répondait-elle : il faut donner sujet de « parler à ceux qui en cherchent. » Le procédé qu'employait la Mère Angélique pour donner du ressort aux âmes réussissait toujours : il faut croire qu'elle s'adressait aux caractères prédisposés et que la pénétration était réellement un de ses privilèges.

Les pensionnaires élevées à son école le prouvent. Mlle de Montglat, mise en demeure de quitter le couvent, préféra le voile à la défection et, devenue abbesse de Gif, y rétablit la règle exacte de Saint Benoît. Mlle de Bernières, âgée de douze ans, à laquelle la Mère Angéli-

que écrivait : « Priez humblement, comme une
« pauvre petite mendiante, qui a besoin de la
« grâce divine pour se défendre de la profonde
« corruption de ce loup infernal (concupiscence)
« qui tourne toujours autour de nous ; mais ne
« soyez pas en adoration plus de la longueur de
« trois Paters, à moins que Dieu ne vous re-
« tienne. » — Mlle de Bernières resta en adoration plus que la longueur de « trois Paters » : Dieu
la retint sa vie entière ; elle fut religieuse sous
le nom de Françoise de Sainte-Thérèse. Assurément, le régime auquel elles étaient soumises
n'avait rien de débilitant : « Sortez de l'enfance
« spirituelle, comme vous faites de la corporelle,
« recommandait à une jeune personne la Mère
« Angélique ; une fille de dix-sept ans n'est plus
« une enfant ; la plupart des saints martyrs ont
« souffert plus jeunes et les saintes religieuses
« étaient toutes parfaites à votre âge. » Elle les
obligeait au discret emploi du spirituel : « J'ai
« eu grand'peine de celle que vous témoignâ-
« tes, lorsque votre première communion fut
« différée de huit jours, écrivait-elle à une de

« ses élèves, n'ayant jamais vu réussir celles
« qui ont trouvé trop longue la remise d'un si
« grand bien. Ce n'est pas assez reconnaître
« notre indignité et la miséricorde de Dieu qui
« nous admet à la participation d'un si grand
« bien après que nous nous en sommes rendues
« indignes par le péché. Nous devrions trou-
« ver les plus longues remises trop courtes. »
Les apparences ne lui suffisaient pas : « Je dis
« sans réserve, disait-elle à une jeune fille,
« que ce n'est pas assez de vouloir détruire en
« nous ce que nous voyons qui est mauvais,
« selon le sentiment de nous-mêmes et de tout
« le monde, mais qu'il faut aller jusqu'aux
« moindres mouvements de l'amour-propre et
« des inclinations naturelles qui ne déplaisent
« point aux autres et à nous-mêmes et qui dé-
« plaisent pourtant à Dieu, puisqu'elles appar-
« tiennent à la chair selon laquelle nous ne
« pouvons vivre sans mourir. » Elle concluait
ainsi : « Il vaudrait mieux que vous fussiez
« dans le monde, où la vue de l'horrible cor-
« ruption vous ferait reconnaître le besoin que

« vous avez du secours de la grâce, au lieu
« qu'ici, dans le repos et la fausse paix, vos
« inclinations vous font tomber dans l'insensi-
« bilité et un oubli qui vous met dans un état
« plus dangereux. » Sous son impulsion, les
écoles de filles de Port-Royal marchèrent de
pair avec les célèbres écoles de garçons. Arnauld, initié au plan d'éducation, approuvait le
règlement : « Il faut faire observer le silence
« aux petites filles : 1° elles sont plus gaies
« après; 2° elles travaillent mieux; 3° elles
« sont moins grondées; 4° elles s'aiment mieux
« et s'entrepicotent moins. Les enfants du mon-
« de, qui ont des mères sages, ne parlent de-
« vant elles que très bas et sont toujours dans
« leur chambre. » La maîtresse des écoles était
Eugénie de l'Incarnation, sœur de la Mère Angélique, mais les hautaines petites élèves par-
ticipaient du péché imputé à leurs Directrices ;
leur orgueil ne capitulait qu'en présence des
sommités de l'Ordre. La Mère Angélique répri-
mandait vivement les pensionnaires de Paris :
« C'est du manquement de respect, de piété et

« de dévotion envers Dieu que viennent vos im-
« perfections, leur écrivit-elle ; savoir : le peu
« d'obéissance et d'amour que vous avez pour
« celles qui ont soin de vous, au-dessous de
« ma sœur Anne, pour laquelle vous en avez
« un peu, mais il n'est pas véritable, puisqu'il
« n'est pas égal pour les autres, selon son dé-
« sir et la volonté de Dieu. Il faut que vous
« sachiez que toutes celles qui vous servent
« le font pour l'amour de Dieu et que c'est une
« des plus pénibles obéissances de la religion.
« Vous répondez devant Dieu de l'affliction
« que vous donnez à ces Sœurs, qui quittent
« le Saint Office, leurs prières, leurs lectures,
« leur solitude pour vous servir et qui voient
« que tout cela vous est inutile et que les re-
« merciements et la reconnaissance que vous
« en devriez avoir se tournent en des mépris,
« mauvaises humeurs, murmures. Si elles n'a-
« vaient pas une vraie charité pour vous, elles
« aimeraient mieux votre ingratitude que vo-
« tre reconnaissance, parce que la patience
« exerce leur charité, mais l'amour qu'elles ont

« pour vous leur fait préférer vos intérêts aux
« leurs.

« Si vous ne voulez pas rentrer en vous-
« mêmes, je crois être obligée de me décharger
« de vous à Messieurs vos parents qui s'at-
« tendent à nous devoir votre instruction à
« laquelle nous réussissons si mal. Si cela ne
« sert qu'à vous rendre criminelles devant Dieu
« nous ferions très mal de vous garder dans
« le monastère. Je suis bien fâchée de vous
« parler de la sorte ; encore plus s'il faut exé-
« cuter ce que je vous dis et abandonner vos
« petites âmes que j'aime très chèrement. »
Stricte envers les enfants, elle était méticuleuse
à l'égard des institutrices : « Rappelez-vous ce
« qu'a dit notre Père Saint Benoît à l'abbé
« d'un monastère, s'écriait-elle : aurait-on la
« charge d'un enfant de deux ans, ne jamais
« faire ce qu'on lui a enseigné être pernicieux.
« Les enfants n'apprennent à rien faire que par
« la pratique et n'entendent les préceptes que
« par les actions qu'ils voient. Vous avez à
« enseigner la dévotion ? Soyez dévotes vous-

« mêmes. Ceux qui ont à traiter avec le pro-
« chain grand et petit usent de tyrannie ; ils
« demandent aux autres et les empêchent de
« leur rendre, parce qu'ils leur donnent des ten-
« tations, en aiguisant leur esprit, par des pro-
« cédés peu charitables ; ils leur donnent sujet
« de croire qu'ils ne croient pas à ce qu'ils leur
« ordonnent puisque eux, qui le demandent,
« ne l'observent pas. » La Mère Eugénie de
« l'Incarnation n'échappait point à sa critique :
« Ma Sœur N... n'aurait pas dû acheter ces pe-
« tites bêtes et vous eussiez mieux fait de ne
« pas les envoyer à la jeune de Montglat. Vous
« ne sauriez croire comme c'est important ;
« les religieuses entretiennent la propriété par
« ces présents. Je n'ai osé faire acheter des
« images pour nos enfants, qui m'en ont donné,
« si je l'eusse fait je m'en fusse confessée ; outre
« que j'estime que l'on doit se priver de ces
« satisfactions vaines, les pauvres mourant de
« faim on doit se priver même du nécessaire. »
Elle se hâtait de dissiper, en ce qui la concer-
nait, l'ombre d'un soupçon. « Si vous enten-

« dez parler d'un panier de fruits qu'on a envoyé
« à mon frère, sachez qu'il a été donné ; j'ai
« toléré, non pas approuvé qu'il ait été envoyé,
« quoiqu'il y ait quelque raison. » Ses obser-
vations portèrent ; le passage suivant d'une
réponse à la Mère Eugénie de l'Incarnation
en fait foi : « Vous avez très bien fait de ne
« pas croire la Sœur N... qui voulait vous faire
« donner des étrennes à vos nièces ; je l'eusse
« trouvé mauvais et ne vous l'eusse peut-être
« pas dit.

« Il est vrai que nous n'observons la pauvre-
« té en rien, qu'en nous privant du plaisir de
« donner qui est, selon mon inclination, des
« plus grands. » La Mère Suzanne de Saint-Esprit de la Roche, sacrifiant trop aux exigences
mondaines dans l'administration de son abbaye
de Maubuisson, la Mère Angélique lui demanda : « On dit que vous faites apprendre des
« instruments à vos pensionnaires et que pour
« cela vous les faites sortir au parloir de dehors ?
« Si c'est pour l'église, la simplicité de nos
« Pères l'interdit ; pour se réjouir dans la

« maison ? c'est éloigné du silence et de l'es-
« prit de pénitence... ; leurs parents le dési-
« rent... ? mais nous devons instruire contre les
« vanités, non des vanités. » Confessons que
la Mère Angélique avait vivement senti le manque de déférence de la Mère de la Roche, envers la Mère Suireau, qui l'avait précédée à
Maubuisson : c'est peut-être sous cette impression qu'elle lui écrivait : « Comment ? malgré
« la prière de la Mère Marie des Anges (Suireau)
« vous faites opposition à recevoir sœur Marie-
« Augustine et vous exigez de nous un certificat ?
« Mme de Gif, qui ne nous connaît point,
« tandis que avez été à Port-Royal, nous a
« traitées plus favorablement, donnant la per-
« mission à une de ses Filles de venir chez nous
« sans conditions, de même avons-nous fait
« pour vous, quand vous voulûtes sortir de
« céans. Mme la Chancelière assure que vous
« lui avez dit que votre résistance venait de
« mes mauvaises doctrines. Vous alléguez vos
« Supérieurs ? M. de Cîteaux et M. de Châtil-
« lon ont donné toute permission... et j'ai été

« votre Mère ! On nous dit que vous faites
« meubler des chambres pour recevoir des da-
« mes : que faites-vous de votre sainte pauvreté
« qui, selon nos Pères, doit être poussée jus-
« qu'aux autels ? Vous vous plaignez d'être
« pauvre quand il faut donner une pension de
« cent livres à l'infortunée demoiselle Mattland,
« cette Anglaise qui est réduite à la mendicité,
« parce qu'elle veut conserver sa foi, et vous
« faites des dépenses pour acheter des choses
« que vous devriez vendre, si vous les aviez ! »
Cette Mère de La Roche tourna piteusement ; la
Mère Angélique nous l'apprend dans une lettre
à la Reine : « La Mère Suzanne de Saint-Esprit
« de La Roche est morte dans une hôtellerie de
« Pontoise qu'elle avait louée avec deux reli-
« gieuses, ne pouvant souffrir sa communauté.
« C'est une terrible pitié que d'être sans con-
« duite ! cette Fille cherchait Dieu, son sens la
« trompait. » Que n'avait-elle conformé sa dévotion au précepte donné par la Mère Angélique
à la Mère Anne-Catherine, Supérieure d'une
Maison de la Congrégation de Notre-Dame :

« Trois paroles de l'Évangile, lues avec un vrai
« désir de les suivre, nous sont plus utiles que
« les belles lumières que nous cherchons ailleurs.
« Je ne vous envoie pas de carte où soient mar-
« quées les Obéissances et les Offices, ce n'est
« pas par là qu'il faut commencer, mais par le
« retranchement des paroles inutiles. »

Les instincts bavards ! Combien la Mère
Angélique tenait en éveil contre leurs surpri-
ses ! « Je suis bien aise que vous ayez parlé à
« M. Singlin, écrivait-elle à une religieuse,
« mais je suis fâchée que cette grâce, au lieu de
« vous mettre dans la paix et le silence où il y
« a tant d'années que je vous désire, vous ait
« fait produire un si long discours et tant de
« répétitions de ce que vous avez dit une infi-
« nité de fois. Au nom de Dieu, tenez-vous en
« repos. » « Écrivons-nous selon les règles de
« la chrétienne amitié qui ne sait ce que c'est
« que ces nouvelles manières de parler de Ré-
« vérende et autres cérémonies du monde in-
« troduites dans la religion, » prescrivait-elle
à une de ses correspondantes, tandis qu'elle

expliquait à une aspirante novice : « Pour
« être une parfaite religieuse, il faut être devant
« Dieu comme une bête qui se laisse conduire
« sans discernement. » Élevant son style au
niveau de sa lectrice, elle s'exprimait excellemment en s'adressant à la Sœur Suzanne de
Sainte-Cécile Robert : « L'immensité de Dieu
« est infinie, c'est pourquoi il ne faut pas le
« renfermer dans un chœur ou une solitude ;
« sa grandeur est si merveilleuse qu'il rend
« grand tout ce qui approche de Lui ; il est si
« intime aux âmes qui le désirent qu'il se
« trouve en elles au plus fort de leurs tracas
« et distractions et auparavant qu'elles l'invo-
« quent, leur dit : « Me voici. » A l'usage de
l'intelligence courte de l'aspirante novice elle
résumait ainsi son enseignement : « Le Saint-
« Esprit nous fait dire. « Enseignez-moi à faire
« et non à connaître. » Elle poursuivait, en
écrivant à la Sœur Suzanne de Sainte-Cécile :
« Souvenez-vous, ma très chère, qu'une infinité
« de personnes ont crucifié leur corps par des
« pénitences et mortifications qui ont déplu à

« Dieu et qu'il les a rejetées, parce que, aussi
« bien que dans les jeûnes des Juifs, leurs pro-
« pres volontés s'y sont trouvées. Dieu ne veut
« pour holocauste qu'un cœur contrit et humble.
« Je sais bien que vous voulez obéir et que vous
« vous feriez conscience de faire votre volonté,
« mais je sais aussi que cette volonté que vous
« avez d'obéir n'est pas parfaite, puisque vous
« jugez que ce vous désirez est plus parfait que
« ce que votre Supérieur vous prescrit, c'est
« pourquoi vous demandez, sans préjudice de
« ce que vous n'oseriez demander..., et pour-
« quoi, n'oseriez-vous pas le demander, sinon
« parce que vous croyez qu'on ne l'approuve-
« rait pas ? Préférant votre jugement à celui
« de ceux dont Dieu veut que vous dépendiez
« vous voulez conserver des désirs qu'ils im-
« prouvent sous prétexte que Dieu vous a fait
« connaître sa volonté et qu'Il la leur cache ou
« qu'ils lui résistent, en ne vous accordant pas
« ce qu'il vous demande. » Elle terminait sa
dissertation par une pointe de brusquerie :
« Croyez-moi, il y a beaucoup à faire, peu à

« dire. Nous avons trop d'instruction, trop
« peu de pratique. » Quand elle morigénait de
la sorte une religieuse distinguée, comme la
Sœur Suzanne de Sainte-Cécile, on peut se
douter à quel point elle critiquait chez les Filles,
à peine dégrossies, l'infatuation qu'augmen-
tait un semblant d'instruction. « Mettez au lit
« la Sœur N... et retranchez-lui la nourriture
« solide, conseillait-elle rondement à l'abbesse ;
« ce sera une pénitence meilleure que de jeû-
« ner au pain et à l'eau quoique l'amour-propre
« en soit moins satisfait. » A une religieuse
d'un autre Ordre qui était à Port-Royal et désirait y rester : « Je suis presque en colère con-
« tre vous, disait-elle, de votre manque de sim-
« plicité et de sincérité ; vous demandez pour
« votre carème de jeûner au pain et à l'eau,
« sachant bien que, sans vous tuer, vous ne
« pourriez même jeûner comme les autres.
« C'est une ruse de l'esprit malin qui vous
« veut faire tomber dans des infirmités du corps
« qui rendraient votre esprit infirme. Réduisez
« votre dévotion à la sainte obéissance, la

« soumission et la simplicité. Vous avez voulu
« prendre l'habit de Saint-Bernard, pratiquez ses
« vertus, dont l'une est l'assujettissement. Dans
« le chapitre des Réceptions des novices il n'est
« pas dit qu'on prenne garde s'ils jeûnent bien,
« mais s'ils se portent avec zèle et diligence au
« divin service, obéissance, mortifications et
« humiliations et s'ils cherchent Dieu avec sin-
« cérité. » Elle lui proposait un genre de mortification spécial : « Je me doutais que la lettre
« que vous reçûtes, où il y avait deux lignes
« coupées, serait une matière d'exercice à votre
« esprit. Dieu a voulu que ce fût ainsi, afin que
« vous ne fussiez plus soupçonneuse et appris-
« siez à recevoir tout d'un esprit simple, car
« quand c'eût été vrai que j'eusse été pour quel-
« que chose dans cette lettre (cela ne venait
« pas de moi), il eût fallu, pour vous comporter
« selon Dieu, ne faire aucune réflexion et avoir
« l'humilité de supposer que l'on connaît mieux
« que vous ce qui peut vous servir et vous
« nuire. » — « Vivons dans la simplicité par-
« faite, répétait-elle à une autre religieuse, je

« prie Dieu qu'il vous fasse aussi pauvre et
« petite que saint Martin. Je vous conjure de ne
« pas faire de réflexions sur les cérémonies or-
« dinaires, c'est contre toute justice de nous
« amuser à tant de bassesses. » Elle écrivait aux
religieuses de Pologne : « Je vous sais gré de
« n'avoir point demandé de Soleil pour le
« Saint-Sacrement dans les aumônes de la
« Reine. Notre Seigneur n'a montré sa gloire
« qu'une fois au Thabor ; il a vécu en pauvre. »
Par contre, la sacristaine de Port-Royal essuyait
une rebuffade ; la Mère Angélique ayant agencé,
avec des bandes de tapisseries, un ornement
de camelot de Hollande, blâma la flagornerie
qui accueillit son envoi : « Il n'est pas besoin
« de faire des louanges sur l'ornement violet,
« mais bien de le trouver assez beau pour les
« grandes fêtes, fût-ce à Pâques. La pauvreté
« où je laisse l'autel de Saint-Laurent ne vient
« pas du mépris de Dieu, mais de l'esprit de
« la pauvreté qui lui plaît davantage que les
« plus belles magnificences des Églises. » Cet
esprit de pauvreté proscrivait toutes les inutili-

tés : « Je rejette le cachet sur les lettres d'une
« religieuse : si cette fille n'y renonce pas d'elle-
« même, il restera sur son cœur. »

Au moment de prononcer ses vœux, Mlle de
Béthune — élève chérie — reçut de la Mère An-
gelique le cadeau d'usage accompagné de ces
lignes : « Je vous envoie deux petits reliquaires
« en bois : vous les aimerez, parce qu'ils sont
« pauvres. » Salutaire pauvreté qui condamne
autravail, préservatif des tentations.

C'était cette conviction qui lui inspirait le
billet suivant, adressé à une religieuse de Picardie, forcée de travailler pour vivre depuis
trois heures du matin jusqu'à dix heures du soir:
« Vous êtes plus favorisée que celles qui ont
« cinquante mille livres de rentes. » Sa clairvoyance trouvait le mobile exact de chaque démarche : « Pour ne point vous flatter, écrivait-
« elle à une religieuse, je dois vous dire que
« je crains que la maladie de votre mère ne
« vous ait pas causé assez d'affliction en une
« manière, trop dans une autre ; qu'ainsi, comme
« il arrive souvent, elle ne vous ait été un sujet

« de distraction, plutôt qu'une vraie douleur
« qui opère le salut, et qui eût servi, par le
« retour où elle vous eût portée vers Dieu, à
« obtenir pour votre mère non seulement la
« santé du corps, mais un renouvellement de
« vie pour vous aussi. » Avec elle les prétextes étaient vite culbutés : « Vous devez vous
« mettre à genoux toutes les fois que l'heure
« sonne et tous les quarts d'heure élever votre
« cœur vers Dieu, » disait-elle à une de ses
Filles; et comme celle-ci rechignait, alléguant la
perte de temps : « Si vous aviez quelque faute
« contre moi, ripostait l'Abbesse, vous n'ose-
« riez vous présenter à moi sans me demander
« pardon avec grande humilité; à l'égard de
« Dieu, pourquoi ne pas tenir compte de vos
« péchés contre lui? »

Parfois le courroux la prenait : « Dieu aban-
« donne les religieuses, s'écriait-elle, ne font-
« elles pas, au lieu de se confier à lui, simonies,
« tracasseries, industries humaines, honteuses
« marchandises, voire complaisance au monde
« dans les réceptions de Filles ? » — Et elle dé-

clarait — : « Les Sœurs n'ont nul besoin de
« savoir ce qui se passe au dehors, même pour
« leur Ordre. » Sa correspondance avec M. de
Fleury à propos des Filles de Sainte-Marie établies en Pologne atteste que si le Directeur fut
induit en erreur, rien de ce chef ne doit être
attribué à la Mère Angélique : « Elles ne sont
« pas toujours aussi sincères qu'elles devraient
« et qu'elles en font semblant, quoiqu'il ne faille
« pas paraître s'en méfier. Lisez leurs Consti-
« tutions, afin de ne leur rien dire qui ne soit
« conforme à leur Bienheureux pour que ceux
« qui vous épient ne s'en targuent point. Ne
« leur donnez point de jalousie, faible des Filles,
« en témoignant plus de charité aux unes qu'aux
« autres ni en disant ce que vous en pensez ;
« tout se redit avec peu de fidélité. Souffrez
« leurs infirmités, imbécillités ; il ne faut ni
« flatter, ni rudoyer ; elles ne peuvent sup-
« porter ni l'un ni l'autre. Ne recevez rien
« d'elles : j'entends, pas même un signet pour
« un livre, cela fait causer. Si elles disent quel-
« que chose les unes des autres, considérez-le

« bien, mais n'en faites pas cas sans examen.

« Ménagez le Confesseur, pour ne pas l'om-

« brager. » La Mère Angélique dépassa-t-elle
la mesure du renoncement ? Une opinion répandue prétend qu'elle descendit jusqu'à prêcher
dans ses lettres le défaut de propreté. On a mal
compris ses instructions; elle exécrait les ho-
chets, chers à la généralité des nonnes qui s'en
amusaient absurdement ; et parlant à des Filles
de faible compréhension elle usait de termes
vulgaires — pour se mettre à leur portée.

« L'imperfection que vous avez pour une

« vaine propreté (l'un des termes sur lesquels
on base le reproche) « est d'autant plus

« importante que la plupart des personnes la

« tiennent pour une vertu et aussi est-ce une

« vertu de la chair, un véritable vice devant

« Dieu puisqu'elle est opposée à la pauvreté et

« à l'abjection dans laquelle Notre Seigneur

« Jésus-Christ a vécu pour satisfaire à nos

« vanités. C'est pour cela qu'il est né dans une

« étable et dans une étable abandonnée, par

« conséquent remplie de toutes sortes d'odeurs,

« et qu'il a souffert qu'on lui ait craché au
« visage. Après cela comment se fait-il que des
« Filles consacrées à Dieu pour honorer et
« imiter la vie de son fils aient la hardiesse de
« trouver quelque chose de malpropre et d'in-
« décent pour leur usage particulier? » Cette
fin explique le premier paragraphe.

Elle poursuit : « On se plaint du peu de dévo-
« tion qu'on a ; pense-t-on que dans les applica-
« tions qu'on a pour soi-même et pour des niai-
« series l'on soit digne que Dieu donne la sainte
« dévotion qui est la douceur et les délices des
« âmes qui méprisent tout et elles-mêmes pour
« Dieu ? c'est la perle Évangélique qu'on
« n'acquiert qu'en vendant tout ce qu'on a pour
« la posséder. »

Port-Royal avait si fréquemment besoin d'être
rappelé à l'humilité ! La Mère Angélique écrivait à la Mère Agnès : « Ma sœur N... m'a mandé
« qu'elle n'avait point de petites tocques, que
« de fort grosses, et qu'elle ne savait point si
« elle en devait donner à d'autres qu'aux sœurs
« converses. Il est vrai qu'elles sont bien plus

« grosses que les grandes, mais non pas que
« celles que nous fîmes les premières de vieux
« drap. Celles-ci et le patron du Tard étaient
« pareils. Je ne sais qui nous a dispensées de la
« vileté et pauvreté depuis ce temps-là ; serait-ce
« l'instruction plus solide que nous avons reçue ?
« Je vous prie de vous faire apporter une de
« ces tocques, de la considérer des yeux de la
« pauvreté et si vous ne les trouvez point trop
« grosses, d'en donner à ma sœur N... comme
« ayant besoin d'être éprouvée dans la pauvre-
« té. Quand une enfant entre au noviciat il faut
« lui faire pratiquer la pauvreté aux dépens de
« la propreté, qui est d'ordinaire le prétexte
« que l'on prend pour ne pas aimer les choses
« pauvres. » De là à conseiller la malpropreté il
y a loin. On pénètre la pensée exacte de la Mère
Angélique en plaçant ces deux phrases : « On
« est obligé, pour le respect qu'on doit à son pro-
« chain, de tenir nettement (comme c'est la règle)
« tout ce qu'on a en charge, mais sans curiosité,
« ni vanité et pour son particulier on doit
« désirer toujours le pire et le moins net ; »

— « La vraie pauvreté sait être propre, non par
« curiosité, mais en faisant conserver tout ce
« qui est la religion, de peur de l'user, » auprès
de ce trait délicat : « Je vous envoie un morceau
« du pain des pauvres, jugez de leur extrémité ! »
On devait être économe de ses deniers, lorsque
des créatures humaines mouraient de faim et
qu'il y avait à secourir des religieuses indi-
gentes. En 1655, Port Royal abandonna aux
Ursulines de Bazas un legs qui lui avait été fait
par M. de Quincarnon. La Mère Angélique
pesa sur la décision de son monastère. La correspondance entre l'Évêque de Bazas, la Supérieure des Ursulines et la veuve du gentilhomme donateur ne laisse aucun doute sur le rôle
actif de la Réformatrice. Les Communautés
embarrassées trouvèrent toujours un soutien
près d'elle. Les religieuses des Isles d'Auxerre,
s'étant soustraites à la juridiction des moines
de Citeaux eurent un procès ; la Mère Angélique recommanda chaudement les nonnes à
M. Bignon, avocat général au Parlement. Leur
cause était juste et elles obtinrent gain de cause

en 1657. Des provinces les plus reculées on en appelait aux lumières de l'illustre conseillère. Ses avis étaient également précieux à la Bénédictine, recluse à Angers dans son monastère de la Fidélité, et à l'héroïne des guerres civiles, Anne-Geneviève de Bourbon, duchesse de Longueville, qui lui paraissait : « Tout or fin, froide, « sage, humble, douce, dévote, rien des feux « volages qui ne produisent que des belles pa- « roles. » (lettre à Mme de Sablé).Cela en 1661, après que la disgrâce eût assagi la sœur des Condé.

A chaque lettre parvenait la réponse catégorique, concise, fruit d'un esprit remarquablement souple ; on pouvait supposer qu'un correspondant unique occupait la Mère Angélique : « Je supprimerai les cérémonies encore qu'elles soient mon devoir ; » cette excuse présentée à la duchesse de Luynes constituait la seule abréviation que la Réformatrice se permît d'apporter dans son courrier. Elle avait grand'peine à écrire, on ne l'entendit jamais protester contre la fatigue qui lui imposait ce travail considérable, seulement qu'onques ne s'avisât de reconnaître ses bons offices par un cadeau, si léger qu'il fût! M. de Sévigné commit cette maladresse ; fort marri d'être ajourné pour la réception du sacrement de l'Eucharistie il écrivait constamment à la Mère Angélique afin de l'entretenir de son chagrin ; en gage de reconnaissance, il se crut autorisé à lui offrir une lampe : « Je la garde en dépôt, lui répon- « dit-elle sèchement ; j'en ai une de dix sols « de laquelle je me sers depuis vingt ans avec « de l'huile à brûler, qui n'est pas de noix « pure mais mêlée de moindre, dont je ne « reçois nulle incommodité. » Si elle accepta un jour la voiture de M. de Bernières, « c'est « que le carrosse avait permis la grâce de la « Confirmation à des villageois du Lac, instruits « par leur curé et M. Floriot ». Ce remercie-ment est écrit au crayon ; elle avait tant de lettres à expédier du Nord au Midi ! Qu'étaient les écrits auprès des Conférences ? c'est-à-dire des entretiens verbaux. Chelles, Gif, Malnoüe, Montargis, Pont-aux-Dames, Saint-Antoine,

Poissy, la Villette, Chasse-Midi, Saint-Eutrope
envoyaient leurs Abbesses en quête de Constitutions. La dame de la Trémoille, abbesse de
Jouarre, entreprit tout exprès le voyage de Port-
Royal. Le succès de la Réforme, tentée à
l'abbaye du Lys, près Melun, sous les auspices
de la Mère Angélique, multipliait le nombre des
prosélytes. Mme l'Abbesse de Montmartre fut la
première à suivre délibérément l'exemple de la
Réformatrice. Celle-ci l'aidait dans ses traverses
— au besoin lui prêtait mainforte. Étant en
visite à Montmartre, elle fut témoin de l'alga-
rade de deux récalcitrantes qui s'insurgeaient
contre la Réforme ; renoncer à leurs préten-
tions mondaines était un sacrifice au-dessus
de leur courage : elles sottisaient à qui mieux
mieux dans l'espoir de sauver, l'une une boucle,
l'autre un ajustement. Outrée de cette discussion oiseuse, la Mère Angélique s'empara du
corset de l'une des raisonneuses, arracha le
busc et le lui restitua tel que la règle le décrivait, c'est-à-dire à l'état de brassière informe ;
ensuite, s'attaquant à la seconde bavarde, elle

ficela sa chevelure, cause du débat, au moyen d'un cordonnet quelconque. Les beaux cheveux n'étaient plus qu'un tortillon : autant valait être chauve ! Les nonnes effarées se soumirent. Les indomptables étaient terrassées par l'impossibilité où elles se trouvaient de prendre la Mère Angélique en faute. Comment réclamer ses préséances lorsqu'on voyait la grande Abbesse s'effacer dans les cérémonies publiques et faire marcher avant elle sa Coadjutrice ? Osait-on quémander des douceurs à une vieille ascète **qui,** depuis l'âge de trente ans, couchait sur une paillasse remplie de paille ? geindre près de cette perpétuelle malade.

Convenait-il de se gendarmer à l'occasion de préjudices insignifiants quand, de nonne à nonne, on chuchotait ce trait d'humilité de la Mère : alors que déposée de ses fonctions elle transmit le pouvoir abbatial, elle crut devoir joindre aux papiers du couvent ses lettres personnelles, supposant modestement qu'elles avaient été adressées à la Dignitaire. Le hasard les dispersa. Quelques années après, as-

sistant à l'infirmerie la nouvelle abbesse, celle-
ci lui enjoignit de déchirer un monceau de
lettres afin de confectionner des paquets pharma-
ceutiques ; ces papiers réputés hors d'usage
n'étaient autres que la correspondance de M. de
Saint-Cyran avec la Mère Angélique. Le cœur
de la Réformatrice saigna cruellement ; le meilleur d'elle-même, ses jouissances les plus fines,
le passé si cher à son âme revivait là tout
entier : on lui commandait de l'émietter entre
le séné et les grains de rhubarbe. Elle obéit
silencieusement ; ses doigts lacérèrent le trésor de sa jeunesse. Soumission passive d'une
persuasive éloquence, intelligence parfaite du
devoir monastique ! Exigeant tout de son abnégation, la Mère Angélique paraissait en droit
d'exiger un peu des autres ; sa vivacité à répri-
mer les écarts s'excuserait. Il n'est pas nécessaire ; le plus bel éloge de sa conduite envers
les Filles sort de la bouche de l'une d'elles. Sa
famille l'avait faite religieuse contre son gré et,
se trouvant au parloir de Port-Royal de Paris,
elle confiait ses regrets à l'abbesse, Mme des

Granges, à laquelle une amie, la marquise de
Montgobert, l'avait amenée. « Ne suis-je pas
« bien malheureuse de n'être pas venue ici du
« temps de la Mère Angélique, » s'écriait la
pauvre enfant au milieu de ses larmes, « elle ne
« m'aurait pas reçue assurément. »

Au sein d'une société où le cloître était un
débouché offert aux parents besogneux, les vio-
lations de conscience étaient entrées dans les
mœurs — pratiquement, pourrait-on dire — elles
ne choquaient personne. Les infortunées qui en
étaient victimes l'oubliaient avec l'âge, soit que
le temps accomplît son œuvre assoupissante,
soit que la réclusion fût remplie de désordres
secrets. La Mère Angélique trouvait la cause
odieuse, les résultats lamentables.

N'était-ce pas elle qui écrivait : « Dans mon
« monastère, on fait toujours la volonté de Dieu
« et dans le monde vous faites la vôtre depuis
« le matin jusqu'au soir. » La différence si
bien expliquée implique, pour ne pas mourir,
un don spécial de Dieu. A qui il le refuse, inutile de prêcher le sacrifice de soi-même ; la règle

ne donne point la foi, la discipline n'enseigne pas l'abnégation. La Mère Angélique plaignait les déshéritées de la grâce, mais elle jugeait abominable de compromettre leur salut éternel en leur imposant des sentiments qu'elles n'éprouvaient pas. Quelque bénéfice que Port-Royal dût en retirer, elle fermait sa porte aux recrues douteuses; les tuteurs trafiquant des intérêts de leurs pupilles, les pères abusant de leur autorité échouaient contre son incorruptibilité. Après le demi-siècle de piété ardente et féconde qui avait édifié la chrétienté et consommé la Réforme de son Ordre, la Mère en Israël se remémorait les affres de Jacqueline Arnauld, violentée par les siens.

Elle se rappelait l'atroce vent de tempête qui avait fouaillé la toison naissante et menacé de lancer au précipice la pauvre petite brebis, tournoyant de rage autour du bercail dans lequel on l'avait barricadée. Du souvenir de cette prison sortit la liberté pour des générations à venir; la Mère Angélique épargnait à ses sœurs la torture qu'on lui avait infligée.

Cela pour la gloire de Dieu ; son troupeau devait être pur et sans tache, digne du Pasteur vers lequel il s'acheminait ; dehors les brebis galeuses...

Combien y en aurait-il eu, attisant à son exemple l'étincelle divine au brasier infernal et trouvant la rédemption là où la damnation les attendait ? Les faits répondaient. Sans qu'il fût utile de remonter jusqu'aux dérèglements de Maubuisson, les visites rendues aux diverses abbayes instruisaient. Point n'était nécessaire de consulter des annales ; il suffisait d'ouvrir les yeux. Les scandales abondaient. La plupart, provenant des filles cloîtrées malgré elles, la Mère Angélique repoussait avec horreur de si funestes complicités : la protégée de la marquise de Montgobert parlait d'or ; jamais la grande Abbesse ne l'aurait reçue. Elle réservait son appui aux cœurs pieux que l'on cherchait à détourner de la vie monastique. A cette catégorie appartenait Mlle Pascal. Contrariée dans ses aspirations religieuses par son frère, le célèbre Pascal, elle avait fini par entrer à

Port-Royal, mais, à l'instant de sa profession, elle se heurta, de la part de son frère, à un refus absolu de lui compter une dot. La modicité des revenus du couvent défendait de recevoir toute fille qui ne subviendrait pas à ses besoins. Le désespoir de la novice égala sa déception. La Mère Agnès, impuissante à la consoler, appela à son aide la Mère Angélique qui s'écria qu'on se passerait de dot. Alors, survint l'opposition de M. Singlin : il faut lire le détail dans la relation de la Mère Agnès : « M. Sin-« glin ne se rendit pas d'abord à cette pensée, « craignant qu'il y eût peut-être trop de géné-« rosité et pas assez d'humilité dans cette action. « Sur quoi il nous dit, avec beaucoup de force, « qu'après avoir surmonté la cupidité insatia-« ble du bien qui règne presque partout, il « faut beaucoup craindre de tomber dans l'au-« tre extrémité qui consiste dans la cupidité de « l'honneur qui en revient, la vanité qu'on peut « tirer des actions qu'ont fait ensuite, le mé-« pris de tous ceux qu'on y voit encore atta-« chés et l'ostentation de cette vertu qui est,

« qu'après avoir établi son honneur à être au-
« dessus de l'amour des richesses, comme les
« autres à en posséder beaucoup, si on n'y
« prend bien garde on fait des actions qui, à la
« vérité, sont tout opposées, mais par le même
« principe et la même ambition, qui fait que
« les uns disputent leur droit avec trop de cha-
« leur et que les autres le cèdent avec trop de
« facilité. » N'est-ce point là le superlatif de
la perfection morale, l'affinement exquis de
l'âme délicate? On peut définir la crainte de
M. Singlin le scrupule du bien.

Celle qui devait être plus tard Sœur Sainte-
Euphémie était digne de le comprendre. A cette
heure, où elle n'était encore que Mlle Pascal,
elle déclina la proposition généreuse de la
Mère Angélique et demanda à être admise en
qualité de converse; son travail acquitterait
sa pension. M. Singlin, trouvant qu'elle serait
dans une situation peu séante, refusa. La Mère
Angélique se multipliait pour amortir le choc,
mais la tristesse de Mlle Pascal redoublait. A
l'issue d'un office, son visage était si morne

que la bonne Mère la tint une après-midi entière appuyée sur son sein, l'embrassant avec
effusion.

Et c'est elle qu'on accuse de sécheresse de
cœur ! On oublie que, sur ses lèvres, s'adou-
cissait le mâle langage de M. de Saint-Cyran
avant de parvenir aux ferventes de Port-Royal.
Mme Thomas convertie de ce Tiers-Ordre avouait
qu'elle avait peine à comprendre M. l'abbé
« dont les discours étaient fort concis ». La
Mère Angélique facilitait leurs entretiens, de
même qu'elle excellait à encourager la timide
veuve, grand'mère de Racine. Connaissant les
aspérités du chemin où elles voulaient s'enga-
ger elle prévenait religieuses et laïques, Mlle de
Luzanci, troisième fille de M. d'Andilly, recevait cet avis : « Ma chère nièce, il faut beau-
« coup de grâces devant Dieu pour mépriser le
« monde et souffrir ses mépris; cependant il
« est impossible de plaire à Dieu sans cette
« grâce. Il est impossible de haïr le monde,
« sans que tout le monde vous haïsse, vous
« méprise, vous tienne pour insensées comme

« il a fait pour le Fils de Dieu et les Saints. N.
« S. J.-C dit à ses apôtres : « Si vous étiez du
« monde le monde vous aimerait; il m'a eu en
« haine le premier.» Elle savait qu'en cas de déception elle ne pourrait envoyer à sa nièce que
cette consolation adressée à une personne qui
s'était retirée du monde et qui ne trouvait
point dans la solitude l'apaisement cherché :
« Ne vous ennuyez point dans les voies de la
« Providence, souvenez-vous qu'une infinité de
« martyrs ont souffert d'être écorchés, fouettés,
« brûlés vifs, roués, démembrés, coupés par
« morceaux, fricassés dans des poëles avec
« l'huile; d'autres sont pourris en prison,
« d'autres sont morts de faim dans les forêts
« ou ont été dévorés par les bêtes. »

Mme de Saint-Ange, qui désirait entrer au
couvent, était édifiée ainsi qu'il suit : « L'au-
« mône la plus agréable à Dieu, c'est de lui of-
« frir quelques retranchements de nos inclina-
« tions et de mortifier nos sens extérieurs. Au-
« tant il est facile d'épuiser les biens extérieurs
« par l'aumône, autant il est difficile de trouver

« la fin de notre cupidité. Il ne vous servira de
« rien d'être revêtue de l'habit de religieuse
« si vous n'êtes revêtue du nouvel homme qui
« est créé en justice et en sainteté. Considérez
« les meubles et accommodements de J.-C. et
« de Marie puis les vôtres, et demandez au ciel
« de retrancher toujours quelque chose aux
« vôtres. »

La marquise d'Aumont disant à M. Le Maître :
« Je vous assure que je m'accommode mieux de
« la Mère Agnès ; notre Mère est trop forte pour
« moi, » exprimait une impression personnelle ;
on aurait tort de généraliser. Le tact de la Mère
Angélique était remarquable. Qu'il convînt
d'écouter les confidences scabreuses de la princesse de Guéméné, de compatir aux hallucina-
tions de la marquise de Sablé, d'instruire la
naïve Marie de Gonzague, elle se mettait à la
portée de chacune de ses interlocutrices. Il lui
en coûtait? double raison de s'y astreindre. Les
pénitents laïques n'étaient qu'inconstance et
versatilité ; le travail de Pénélope — perdre le
lendemain le bien amassé la veille — éprouvait

ses nerfs; jamais l'impatience ne lui suggéra l'idée de se décharger de sa corvée : « Il faut « que j'aille séparer mes Dames, se bornait-elle « à répéter, elles se gâtent réciproquement. » Seulement, elle éprouvait un éloignement de plus en plus vif à l'égard de la clientèle mondaine, réputée flatteuse en nombre de monastères. Cette répugnance lui suggéra, à propos de Marie de Gonzague, non plus commensale de Port-Royal, mais Reine de Pologne, une boutade contraire à son dévouement à toute épreuve. Quelqu'un reprochait à la souveraine ses charitables prodigalités: « Je ne veux rien amasser, avait « répondu celle-ci ; si je devenais veuve j'aurais « toujours assez pour être reçue par la Mère An- « gélique à Port-Royal-des-Champs. » — « Je ne « sais, riposta l'Abbesse, si nous devons désirer « qu'elle soit religieuse céans, car à moins qu'une « Reine soit toute sainte, il est difficile qu'elle ne « cause de l'affaiblissement et du relâchement « dans une maison religieuse. » Prudence qui se fût démentie le cas échéant... La reine de Pologne, pauvre et exilée, eût trouvé refuge près de son amie. La Réformatrice aurait renversé l'ordre habituel apporté dans la répartition de son temps : le droit de priorité qu'elle donnait sur la princesse à l'obscure Mme Allen aurait été certainement accordé à la reine malheureuse.

CHAPITRE VII

Mais quel abri précaire devenait Port-Royal !
Le mercredi 13 avril 1661, en son Conseil, le
roi agréa la demande de l'Assemblée du clergé.
Au moment de Pâques, les jésuites avaient triom-
phé des irrésolutions de Sa Majesté. Le vendredi
saint, 15 avril, fut expédié l'arrêt du Conseil
d'État obligeant les religieuses de Port-Royal
à signer le Formulaire. On voulait les tuer ;
hypocritement on les poussait au suicide. « O
« jour de trahison ! » s'écria la Mère Angélique.
Immédiatement, elle quitta les Champs pour
rentrer à Paris ; n'avait-elle point toujours été
la première au martyre ? M. d'Andilly l'aida à

monter en carrosse : « Adieu, mon frère, bon « courage, » lui dit-elle, renfonçant ses larmes : « Ma sœur, ne craignez rien, répliqua-t-il, je « l'ai tout entier. » — « Mon frère, mon frère, il « n'est point de générosité sans humilité, ni « point de vraie humilité sans générosité, » observa-t-elle doucement. A mi-côte, l'équipage croisa M. de Flécelles, prêtre du diocèse de Paris. Il annonça que le lieutenant civil Laubardemont était allé à Port-Royal de Paris prendre les noms des pensionnaires et leur signifier d'avoir à sortir. « Adieu, Monsieur, que Dieu « vous conduise, » fit la Mère Angélique, et elle commença le *Te Deum.*

Qu'il devait mal ressembler au chant joyeux, entonné naguère à cette même place, par la pieuse troupe des novices arrivant de Maubuisson ! Un envolement d'allégresse les transportait : à l'extrémité de la route elles apercevaient le clocher à l'ombre duquel la paix les attendait. Le bonheur gonflait leurs poitrines : à tout jamais elles devenaient les Filles d'une Mère bien-aimée... Cette Mère, blessée dans ses œuvres vives, s'en allait maintenant ensevelir ses Filles... Dies iræ, dies illa, et sa voix chevrotante de vieille femme chantait le *Te Deum*...

A son apparition, la Communauté de Paris éclata en sanglots : « Qu'est-ce que je vois là, » demanda-t-elle ; « je crois qu'on pleure. Allez, « mes Filles, vous n'avez point de foi. » « Ce ne « sont que des mouches... Espérez en Dieu, et « ne craignez rien. »

Une fois enfermée dans sa cellule, elle cédait à son trouble : « Mon Dieu, faites-nous miséri- « corde. » Ces mots revenaient sans cesse sur ses lèvres.

On l'initia aux péripéties de l'hiver. Durant tout le mois de janvier, l'Assemblée du clergé avait délibéré sur le Jansénisme : le 1er janvier (1661) il avait été arrêté qu'une circulaire serait envoyée aux Évêques afin qu'ils fissent signer purement et simplement le Formulaire dressé dans l'assemblée de 1656. Le roi était supplié de donner un arrêt défendant de conférer aucun bénéfice à ceux qui ne signeraient pas le Formulaire.

« Dieu à son van en main, il séparera la « paille d'avec le bon grain, » dit la Mère Angélique écoutant ces détails. En attendant le plaisir du céleste moissonneur, le froment s'éparpillait ici et là. Les lettres de cachet appuyaient les menaces. Ceux qui voulaient les éviter, comme M. Singlin, résignaient leurs fonctions. D'autres, à l'exemple de M. Taignier, s'enfuyaient. M. de Bernières fut exilé à Issoudun et bien que quatre cents carrosses lui amenassent des visiteurs au palais, et « qu'on en parlât peut-être trop », ainsi que la Mère Angélique de Saint-Jean le racontait à sa tante, la dispersion n'en demeurait pas moins consommée. Le 6 mars, le cardinal de Mazarin était mort; la dernière planche de salut qui surnageait s'enfonça avec lui. Convoitant pour sa famille l'alliance des Liancourt, le cardinal avait jeté son dévolu sur la petite-fille de la Duchesse qui était pensionnaire à Port-Royal. Eût-elle épousé le neveu de Mazarin, la protection de l'oncle aurait couvert l'Ordre. Le soutien manquait à l'heure de l'ébranlement final. Impossibilité de s'adres-

ser à un ministre successeur. Louis XIV, ja-
loux du pouvoir absolu, entendait gouverner
seul. « Nos amis nous plaignent beaucoup, écri-
« vait la Mère Angélique, pas un n'oserait dire
« un mot en notre faveur. » L'édifice s'écrou-
lait. Le 24 avril, un commissaire fut, à Port-
Royal-des-Champs, signifier l'ordre de sortir
aux pensionnaires ; l'arbitraire du procédé
suggéra des décisions brusques. Plutôt que de
se laisser évincer, les pensionnaires cherchè-
rent à se lier indissolublement. Le dimanche
de Quasimodo on fit quatre novices, le lendemain
26 avril, trois. Le moyen échoua, elles furent
éconduites le 13 mai, le reste des pensionnaires l'avait été le 6 mai. Au nombre de quatre
ces jeunes personnes avaient attendu pour
partir l'arrivée de leurs parents ; le lieutenant
civil les renvoya immédiatement. Le 13 mai
ordre lui était donné de dépouiller du costume
religieux les postulantes et les novices ; il obéit.
A dire vrai, sitôt dehors elles reprirent l'habit
et se drapèrent dans leurs voiles qu'elles con-
servèrent indéfiniment, heureuses de ce simu-

lacre de vie monastique. Pourquoi les nonnes eussent-elles été épargnées, puisque des enfants étaient pourchassés ? Le 10 mai, les écoles des Trous et du Chènet, où les élèves avaient été transférées, furent évacuées. Le 25 juillet le lieutenant civil reparut à Port-Royal-des-Champs, flanqué du procureur du roi. Après vérification du mur d'enceinte il réglementa, au moyen d'instructions minutieuses, les rapports avec l'extérieur. La porte de communication à l'usage de M_{me} de Sablé fut murée. La loi — ironique — protégeait contre les mauvaises doctrines celle qui redoutait tant le mauvais air. Décidément la craintive marquise devait être indemne de toute contagion. Enfin — mesure rigoureuse — les vicaires généraux du cardinal de Retz publièrent, le 6 juin 1661, le mandement requérant la signature du Formu laire. Les religieuses signèrent. Ce fut un échec sérieux pour leurs adversaires. A quoi servaient d'inexcusables sévices.. ? Faire céder les nonnes rebelles ?... Elles ne résistaient pas. La signature, apposée au bas du Formulaire, terminait le débat. Malheureusement, le procès était jugé d'avance et irrévocablement perdu. Les juges se refusaient à un examen qui aurait sauvé l'Ordre qu'on voulait détruire. Le Doyen de Notre-Dame de Paris vint rendre visite à la Communauté. Mandat lui était conféré d'avoir à changer les confesseurs et de nommer un nouveau supérieur. Les persécuteurs avaient paré le démenti que leur donnait l'acquiescement des religieuses en obligeant les Grands-Vicaires à confectionner un mandement plus explicite; les propositions qualifiées d'hérétiques étaient présentées, non seulement comme devant être condamnées en elles-mêmes, mais encore comme étant extraites du livre de Jansénius et condamnées au sens de cet auteur.

On voulait compromettre les Filles en leur faisant faire acte de docteur et prendre parti pour certains théologiens. La Mère Angélique répliqua : « Je n'ai jamais imaginé que je fusse « quoi que se soit sans la grâce, j'ai lu toute ma « jeunesse un livre qui s'appelle le Paradis des « prières du bon frère Grenade. Je ne tiens

« point ma créance de M. d'Ypres que je n'ai
« jamais vu, ni de M. de Saint-Cyran, mais de la
« même grâce qui me l'a donnée avec la foi. »
Telle fut la déclaration de la Directrice suprême de Port-Royal, de celle qu'on dépeignait
comme l'incarnation de l'orgueil. Son humilité
est troublante, même pour les humbles. Est-ce
à dire qu'elle se trahit en d'autres circonstances?
Nous qui l'avons épiée dans ses épanchements
amicaux revenons en arrière... nous trouve-
rons deux exemples prodigieux de réserve
chrétienne, concernant les deux piliers de
l'Ordre, Arnauld, Pascal.

La Mère Angélique refusa de parcourir le
livre « Sur la fréquente Communion »; dans sa
volumineuse Correspondance il n'est fait aucune
allusion aux Provinciales.

La « Fréquente Communion » avait été cependant inspirée à Arnauld par des discussions
casuistiques survenues entre les deux pupilles
tracassières de Port-Royal : la marquise de
Sablé et la princesse de Guéméné. L'orthodoxie
n'était point engagée, la crainte d'offenser sa

Sainte Mère l'Église ne pouvait retenir la grande Abbesse; ses scrupules procédèrent d'un sentiment supérieur : la règle ne proscrivait pas cet ouvrage, mais en prendre connaissance eût été céder à un mouvement de curiosité. Citerait-on dans n'importe quel Ordre une coreligionnaire liée à ses vicissitudes, sachant se priver d'une lecture d'un tel intérêt ?

Pascal entrait dans les rouages de la Communauté. Il lui appartint à cause de sa conversion, de ses éclairs de foi succédant à ses reprises mondaines, de l'abjuration définitive de ses égarements : il fut le génie militant de Port-Royal. A défaut de ses services, les ennuis que sa versatilité suscita à sa sœur Jacqueline, lors de sa prise d'habit, suffiraient à défrayer les récits de la Mère Angélique et à lui servir de transition naturelle pour aborder le chapitre des Provinciales. Le nom du philosophe volait de bouche en bouche, sa polémique passionnait la France ; il glorifiait l'Ordre, pourfendait ses ennemis... Quiconque s'étonnerait de n'avoir pas encore rencontré ici une appréciation des

chefs-d'œuvre de Pascal doit apprendre — ce ne
sera point sans surprise — que jamais la plume de
l'illustre Abbesse n'écrivit le mot : Provinciales.
Et cependant quelle quantité de lettres adressées
à des personnages importants ! La Réformatrice
incarnait ainsi le type parfait de la sage et discrète personne que doit être toute religieuse . En
défendant son Ordre elle ne nomme ni un avocat
ni un détracteur. Son silence fut l'application de
ce précepte : « Les Servantes du Seigneur doivent
prier et se tenir à l'écart des disputes des Doc-
teurs. » Les querelles d'écoles incombaient aux
Solitaires ; à des subtilités théologiques une religieuse ne pouvait opposer d'autres arguments
que sa foi et sa charité. La confiance en Dieu
est son principe et sa fin. N'acceptant d'autre
attache que Port-Royal, la Mère Angélique eût
jugé répréhensible de dépenser en arguties ne
fût-ce que quelques minutes du temps qui revenait à son monastère. Dans les controverses où
se débattirent les questions brûlantes son penchant l'attirait vers la conciliation, trop même
s'il faut croire M. de Saint-Cyran. Il avait rédigé

un catéchisme à l'usage des fils de M. de Bernières et, dans ce cours de théologie familière, il marquait à l'explication de la messe le Père comme principe, non seulement des créatures, mais de toute la Trinité. Une discussion s'engagea. M. Singlin fut d'avis de modifier le texte et la Mère Angélique exhorta l'auteur à comparaître devant le Conseil de l'Archevêché, ainsi qu'il y était invité. « Ma Mère, répliqua « M. de Saint-Cyran, pour vous qui êtes dans « cette disposition et qui n'engageriez en rien « l'honneur de la vérité, vous le pourriez faire, « mais pour moi je me briserais devant Dieu. »

La dernière abbesse de France n'aurait point enduré cette dédaigneuse réponse : la Réformatrice se tut. La dureté de sa nature la sauvegardait, allèguent ses adversaires, et ils se prévalent de son absence d'émotion à la mort de ses parents. Pauvre raison aisément rétorquée. La froideur de la Mère Angélique était de l'empire sur elle-même ; ennemie des déclamations, des attitudes théâtrales, elle imprimait à son visage la sérénité que Dieu exige des âmes soumises à ses décrets. « Dans le ciel est le Seigneur, Dominus est Cœlo, » fut la parole dont elle accueillit la fin de M. de Saint-Cyran. Qui niera son brisement de cœur ? Son austérité déroutait les intelligences rétrécies. Parce qu'elle dépouillait les cérémonies du culte de la pompe païenne, on suspectait sa croyance ; on certifiait qu'elle ne regrettait pas sa mère dès l'instant que le déploiement habituel de fleurs et de luminaire n'accompagnait point les funérailles. La Mère Angélique savait que la vie édifiante de la morte vénérée ne comportait pas la mise en scène ; résolue de supprimer l'étalage, elle estima que Sœur Catherine de Sainte-Félicité Arnauld méritait l'honneur d'inaugurer l'ère de la modestie. Les lamentations, cortège des séparations dernières, lui semblaient offensantes pour le Seigneur qui rappelle de l'exil sa créature. Elle méprisait le cérémonial, comédie du respect, la pompe religieuse, insulte au dénuement de J.-C. Sa sensibilité qui ne s'évaporait pas en discours se retrouvait au service des malheureux ; sa com-

passion se prouvait dans les veilles au chevet de
filles méchantes que chacun fuyait. La rigueur
de ses prescriptions était inacceptable, se plaît-
on à dire. Oui, elle trouvait naturel que M. Hamon
soufflât dans ses doigts, que M. de la Petitière
confectionnât ses souliers, elle voulait l'obéissance chez les pensionnaires, le recueillement
dans la communauté, la décence parmi ses
hôtes ; elle détestait la prodigalité, larcin envers
l'indigence, et s'inquiétait des châtaignes que
les Ermites pouvaient ramasser durant leurs
promenades ; mais sa sévérité recueillit tous les
coupables, sa rudesse s'apitoya sur toutes les
douleurs. Il n'y eut personne respectant mieux
qu'elle la liberté d'autrui. Les choses qu'on
déclarait impossibles étaient faisables puisqu'elle les avait accomplies : n'étaient-ce point
ses pensionnaires qui infusaient dans la société
un sang nouveau tandis que les vertus de Port-
Royal rachetaient les hontes de Maubuisson ?
La clairvoyance est indispensable aux Éduca-
teurs d'âmes : elle aimait la retraite parce que
l'éclat du monde trouble la vue. Elle redoutait

la distraction au point de s'isoler dans une tribune lorsqu'elle était Maîtresse des novices. De ce coin reculé ne les dirigeait-elle pas admirablement ? L'apparence rigide dont elle s'enveloppait était une garantie de stabilité ; des formes plus douces auraient abouti aux concessions, les concessions versé dans les abus. Une certaine afféterie à traiter de Monsieur son parent, son meilleur ami, est matière à raillerie; n'indique-t-elle pas un entendement profond de la fragilité humaine toujours disposée à sombrer dans le relâchement? La Mère Angélique, s'excusant près de M. de Sévigné, qui avait cru qu'en lui écrivant elle avait mis : Mon ami, tandis qu'elle avait écrit : Monsieur, ne voulait point le contrister, mais rétablir dans ses proportions les marques de son amitié. Elle en usait de même envers M. d'Épinay et pourtant elle l'affectionnait particulièrement. Son obstination compromettait sa cause, reprenaient les gens habiles. Qualifiera-t-on d'entêté le soldat ferme au champ de bataille ? La ténacité de la Mère Angélique tint de la valeur militaire. Lorsque sonnait la charge, elle obéissait au clairon : vivant au milieu de la fusillade, les rumeurs des coups envahissaient sa cellule; à l'instant du péril elle était le porte-fanion de son Ordre.

Son bras devait demeurer immobile, sa volonté inébranlable. Alors, elle savait délaisser sa chère retraite!

Elle en sortait pour la dernière fois à cette heure décisive de 1661. Désormais ses jours étaient comptés : le pèlerinage ici-bas touchait au terme ; la maladie terrassait le corps que minait un feu intérieur. L'enveloppe humaine payait de sa désagrégation douloureuse les victoires de l'âme virile. La grande Abbesse avait réduit en lambeau chaque parcelle de son être afin de triompher de ses révoltes. En cette « loque » tant malmenée s'éteignait le souffle de vie. Sentant l'oiseau funèbre voler autour de son visage elle rassembla ses forces et, pantelante sous le mal qui lui ravissait l'existence, elle consacra son effort suprême à la défense de l'Ordre que Dieu avait commis à sa charge.

La Reine-Mère, témoin d'événements considérables dont le résultat final plaidait en faveur de la concorde, lui parut désignée comme une émissaire pacifique. Depuis deux ans (1659) la paix des Pyrénées avait terminé la guerre de Trente ans ; le mariage de Louis XIV avec Marie-Thérèse d'Autriche venait d'apporter un terme aux dissensions intestines qui ruinaient le pays. L'inanité des querelles politiques une fois démontrée pourquoi ne point pacifier les consciences ? La Mère Angélique espéra que l'appel d'une moribonde toucherait Anne d'Autriche. Maintenant qu'elle était descendue du pouvoir, l'ex-régente avait le droit de se montrer impartiale ; elle reçut donc cette supplique de la grande Abbesse : « L'état où je suis « réduite par l'âge et la langueur continuelle « qui me fait demander les sacrements la nuit « de crainte de ne point vivre jusqu'au jour, me « rend présente l'obligation, avant de paraître « devant Dieu (si je ne craignais qu'Il ne le « trouvât mauvais, je ne songerais point à l'o- « pinion des hommes, mais Votre Majesté

« tient sa place de Lui), que je manquerais à sa
« volonté en ne justifiant pas cette Maison.
« accablée de douleurs, comme je le ferais en
« conscience, au péril de ma vie, pour la mai-
« son du monde la plus étrangère. Je serais la
« plus coupable de toutes, si nous étions héré-
« tiques, comme on le représente à Sa Majesté,
« car il y a plus de cinquante-cinq ans que j'y
« ai reçu le voile avec titre d'abbesse et, pour
« conducteur, le Bienheureux François de Sales
« et Mme de Chantal; nos lettres en témoignent.
« Jamais nos directeurs ne nous ont parlé des
« erreurs contre la foi dont on nous dit infes-
« tées, nous n'avons jamais lu aucun des livres
« au-dessus de notre sexe, pas même : La fré-
« quente Communion. Nous sommes d'humbles
« filles révérant le Pape et l'Église; notre af-
« fliction est de voir les religieuses maltraitées
« pour être instruites de matières qu'elles igno-
« rent. J'espère en la sagesse du Roi et de Votre
« Majesté, comme de celle de Philippe II, qui
« tira Sainte Thérèse de la plus grande préoc-
« cupation qu'elle ait soufferte, le Pape et le

« Nonce étant mal informés et de la dernière
« violence contre elle, nous disent ses écrits.
« Elle manda au roi : « Si Votre Majesté écoute
« ces accusations dans un lieu où on est si mal
« informé des vérités que la cour, il nous
« prendra pour hérétiques ! » Il y a neuf ou
« dix ans le père Brisacier fit un libelle :
« nouvelle religion, Filles impénitentes, déses-
« pérées, asacramentaires, incommuniantes,
« vierges folles, nous appelait-il, dans l'origi-
« nal qui est à Port-Royal, et, autre part, la
« copie. J'écrivis à Monseigneur, qui le con-
« damna, et fit publier sa censure au prône des
« paroisses de Paris. Le père Meynier a con-
« tinué : Nous ne croyons pas à l'Eucharistie ;
« portant l'habit, nous sommes Calvinistes ;
« Filles du Saint-Sacrement nous n'y croyons
« pas. La voix du Pasteur n'ayant point arrêté
« les calomnies Dieu a permis des miracles...
« Que Votre Majesté daigne écouter les derniè-
« res paroles d'une mourante ! »

Anne d'Autriche était une idole d'Israël, elle
avait des oreilles et n'entendait point. Le besoin

d'équité, qui poussait la Mère Angélique a intercéder de préférence les saints inconnus afin de réparer l'injustice partout où elle la rencontrait, lui était étranger.

Le cri chaleureux de la Réformatrice demeura sans réponse, mais l'écho s'est répercuté à travers les âges. On attribua sa protestation magnifique à Arnauld, à Nicole ; mieux que n'importe quel Solitaire, la grande Abbesse pouvait l'écrire.

Croyons-en le témoignage de Sainte-Beuve : « Je ne parle pas de l'illustre Mère Angélique, « la plus capable peut-être d'embrasser l'en- « semble, si son humilité de servante du Sei- « gneur lui avait seulement permis de songer « un seul instant à ces questions. »

Un à un les bruits du monde s'apaisaient autour d'elle : sa dernière lettre à la Reine de Pologne est datée du 4 mars 1660 : elle raconte qu'il y a eu 80 miracles de la Sainte Épine, remercie d'un Soleil pour le Saint Sacrement,

envoyé à la communauté par la princesse, et
relate la sainte vie et mort du charretier Innocent... celui peut-être auquel la bonne Abbesse
aurait donné « non seulement du vin, mais de
l'hypocras », ainsi qu'elle le mandait autrefois
à M. de Saint-Gilles, chargé de la forme du
Petit Port-Royal. Dans le courant de 1660 elle
eut la joie d'apprendre que la Pologne avait fait
à Oliva la paix avec la Suède, qui lui restituait
ses conquêtes. Les années précédentes avaient
été dures pour la souveraine ; Charles-Gustave,
aidé par l'électeur de Brandebourg et le prince
de Transylvanie, avait recommencé à dévaster
la Pologne. La situation était critique : maintes fois la Mère Angélique put déplorer « que
l'invention de voyager dans les airs » ne se fût
pas confirmée. Cela l'aurait rassurée sur le sort
de son amie. Une heureuse intervention sauva
la Pologne : les Moscovites alarmés des progrès
des Suédois leur déclarèrent la guerre, le Dane-
marck les imita ; cette double invasion rappela
Charles-Gustave dans ses États. Le prince de
Transylvanie réduit à ses propres forces se heurta

à la défaite et, qui plus est, au courroux du Grand-Seigneur (Sultan) qui, ayant trouvé mauvais que ce vassal entreprît la guerre sans son consentement, menaça de le déposer et l'obligea à se cacher. Donc, une heureuse nouvelle clôt la correspondance de la Mère Angélique avec Marie de Gonzague.

Hélas ! La pensée de la mort glaçait d'effroi la Mère Angélique. Le sentiment de sa bassesse l'accablait. Tandis que des délices infinies, des récompenses inconcevables devaient jeter leurs espoirs triomphants sur son éternité de chrétienne héroïque, elle frémissait ainsi qu'une pécheresse pusillanime.

L'ouaille fidèle dépréciait ses titres à l'indulgence du Maître : au lieu de les mesurer à sa propre faiblesse elle les comparait à la Divine Grandeur.

L'absolu dans le bien, qui avait été sa poursuite incessante, était resté le relatif, quels qu'eussent été ses sacrifices, le relatif de toute créature : cette insuffisance la troublait effroyablement. L'héroïsme, selon les hommes, devenait néant devant Dieu : qu'augurer de sa redoutable justice ?

La vieille ascète, inflexible sur le chapitre du devoir, oubliait de placer en ligne de compte la vertu qu'elle-même avait tant pratiquée : la bonté et la céleste miséricorde s'effaçait presque à son regard épouvanté. Un seul calmait ses affres, M. Singlin.

« Mon Dieu, laissez-le à mes côtés à l'instant suprême! » avait-elle coutume de répéter. Le moment fatal approchait ; M. Singlin était loin. La persécution les séparait. Menacé d'exil, il vivait confiné aux Granges et n'aurait pu, sans courir de graves risques, entreprendre le voyage de Paris. Il le proposa. Dans un assaut de générosité, la Mère Angélique pouvait-elle se laisser vaincre, même à l'heure de la mort ? Elle refusa.

Que l'on veuille bien condenser ces trois faits : Naguère M. Le Maître habite les Granges distantes d'un demi-kilomètre : dans les effusions du départ, la Mère Angélique s'abstient de franchir ces quelques mètres tant elle res-

pecte la solitude laborieuse de l'Ermite ; Pas
cal doit son illustration aux questions palpi-
tantes du Jansénisme : la Mère Angélique ignore
les Provinciales ; M. Singlin offre d'apporter
des consolations près de la couche funèbre ; la
pénitente repousse le roseau qui calmerait sa
soif plutôt que d'exposer au danger le Directeur vénéré. Quelle grandeur dans cette abnégation ! Le renoncement chrétien y éclate, renforcé du contraste de l'égoïsme universel.

« Cela gâte d'avoir de si grands esprits, » déclarait, à bout de raisonnement, l'Archevêque
de Paris.

La passion égarait Monseigneur ; seuls les
grands esprits conçoivent le Beau Moral ; la
Mère Angélique eut la révélation du beau, du
vrai, du bien et — silencieusement — observa la
sublime trilogie. Pas plus que l'effroi de l'é-
ternité, ses souffrances cruelles ne desséchè-
rent son cœur ; jusqu'à la fin elle s'intéressa à
son prochain ; elle entretenait M. d'Épinay de
ses intérêts privés. Mme de Saint-Ange, la mère
de ce jeune homme, s'était faite religieuse

à Port-Royal, sous le nom de Sœur Anne-Eugénie, mais son changement d'état n'avait fait subir aucune altération à sa tendresse maternelle, elle voyait fréquemment son fils, ce qui explique comment ce dernier, dont les qualités attachantes avaient su inspirer de l'intérêt à la Mère Angélique, se trouvait près d'elle. Aux portes du tombeau, la grande Abbesse remplissait encore ses devoirs de reconnaissante amitié. Son frère, l'Évêque d'Angers, reçut le 14 juillet un remerciement pour sa ferme et généreuse adresse au roi touchant le Formulaire. Elle s'occupait de la Communauté : dans une vie si bien ordonnée, tout ne devait-il pas être mis en ordre à l'heure du départ ?

L'hydropisie montait progressivement et l'étouffait. Les médecins, préoccupés d'adoucir les angoisses du passage suprême, cherchaient à tromper la malade et pronostiquaient un mieux; elle souriait... et dictait sa dernière lettre à Mme de Boisguilbert. Cette absence d'illusions reportait son esprit sur les détails de ses funérailles; elle redoutait que les religieuses la voulussent honorer selon l'ancien usage. Profitant du répit que lui laissaient ses suffocations elle exprimait sa volonté, et ses prescriptions revêtaient la forme brusque qui lui était particulière : « Que cela ne fasse ni troubles ni im-« portunités dans le couvent. »

Elle appréhendait tellement les désobéissances d'outre-tombe ! elle aurait détesté être traitée différemment des religieuses de sa race qui l'attendaient près de Dieu : Mme Arnauld, Mme Le Maître, Marie-Claire, en religion Sœur Catherine de Sainte-Félicité, Sœur Catherine de Saint-Jean, Sœur Marie-Claire.

Autour de son lit de mort veillaient sa nièce et admirable héritière de ses vertus, la Mère Angélique de Saint-Jean, sa sœur, la Mère Agnès et plusieurs religieuses. On causait simplement, évitant le fracas de la douleur. La mort est la loi divine; on l'accueillait, comme il convient, en esprit d'obéissance. La mourante, taisant ses tortures, parlait à la Sœur Anne-Eugénie de M. d'Épinay ; tout à coup elle s'adressa à ses Filles : « Priez Dieu qu'il me mette

« en son saint paradis, dit-elle; quand je serai
« là je ferai bien vos affaires. »

Le Seigneur reçut son âme. Le 6 août 1661,
la Réformatrice quitta, pour les sphères bien-
heureuses, Port-Royal, immortalisé par elle.
Grâce précieuse, elle ne vit ni son déclin, ni sa
chute; elle laissa son Ordre malheureux, mais
régénéré, aussi différent de ce qu'il devait devenir durant sa décadence qu'il l'avait été, sous sa
haute main, de l'époque où l'administrait, quatre siècles auparavant, l'infime abbesse Amicie
(1265). Le spectacle des convulsions lui fut
épargné. Les aurait-elles conjurées ? Certes, à
condition qu'un don surnaturel lui fût échu en
partage. La créature humaine bâtit sur le sable ;
son œuvre doit périr; ce qu'elle édifie grandit,
rayonne, disparaît. La mère Angélique aurait
retardé les malheurs; la catastrophe serait
arrivée fatalement.

Ce que Dieu fait est bien fait, il rappela à Lui
la grande chrétienne, alors que ses exemples,
gravés dans les mémoires, suffisaient à pour-
suivre leur action fécondante; il permit que le

grandiose souvenir qu'elle a légué demeurât intact; il l'a sauvée des luttes amoindrissantes.

« Nous sommes cent treize professes, encore « qu'il en soit mort vingt-cinq depuis trois ans; » calculait-elle peu de mois avant sa mort, « dix « novices et neuf postulantes. »

Voilà, en réalité, celles qui furent les victimes expiatoires, — victimes du scrupule. Si elles le poussèrent jusqu'à l'obstination, la responsabilité n'en retombe point sur la Mère Angélique; ce fut suivant ses derniers conseils que, trois mois après sa mort, elles apposèrent sur le nouveau Formulaire la signature qui leur était demandée. Avant comme après, nul indice révélateur n'a dévoilé une trace de ferments séditieux ou d'esprit frondeur dans sa conduite. Lui aurait-il déplu d'aligner son nom après la clause « sans déroger »? Cette restriction in extremis n'aurait-elle point été pour paraître quelque peu puérile à la Mère en Israël dont les pires détracteurs n'ont pu relever une dérogation aux préceptes de l'Église catholique, apostolique et romaine?

La mort dispense de prononcer.

Des vastes constructions de Port-Royal-des-Champs, asile de tant de foi et de talent, un débris unique résista à la pioche sacrilège : le colombier. Du haut de la grand'route, le voyageur le salue, à la place du clocher détruit qui servit jadis de boussole aux transfuges de Maubuisson; la Mère Angélique a été la colombe fidèle de ce toit debout au milieu des ruines. Elle tint le rameau d'olivier entre le monde et l'arche.

Là où se sont effondrés les murs, se dresse le frêle abri de la messagère de paix.

Le noyer témoin de sa jeunesse croît chaque saison, l'eau murmurante de sa grotte continue à couler, une douceur infinie planerait sur ces lieux — si le peuplier, issu du charnier, ne soulevait ses branches pleureuses avec des soupirs de détresse...

La dépouille mortelle de la Mère Angélique fut honorée suivant les rites de l'humilité chrétienne; on jeta sur son cercueil le drap de futaine, tout autre ornement blessant la pauvreté religieuse.

La discrète retenue, observée durant sa vie, subsista devant la mort ; il suffit de lire le récit de M. Singlin :

« Nous entendions du petit logis où nous
« étions le son lugubre de la cloche que l'on
« sonnait pendant ses funérailles. Si nous n'en-
« tendions pas les tristes gémissements dont
« ce son était accompagné, nous nous les figu-
« rions assez.

« Dieu voyait la douleur de ses serviteurs
« que sa main retenait dans la retraite et le
« silence. »

FIN

TABLE DES MATIÈRES

CHAPITRE IV

CHAPITRE V

CHAPITRE VI

CHAPITRE VII

POITIERS

Imprimerie BLAIS, ROY et Cie

7, rue Victor-Hugo.

LIBRAIRIE ACADÉMIQUE PERRIN ET Cⁱᵉ

HOUSSAYE (Henry). **1814.** Histoire de la campagne de France et de la chute de l'empire d'après les documents originaux. 11ᵉ édition revue et augmentée. 1 vol. in-12..... **3 50**

— **1815.** La première Restauration. Le retour de l'Ile d'Elbe. Les Cent-Jours. 8ᵉ édition, 1 vol. in-12..... **3 50**

LA ROCHETERIE (Maxime de) **Histoire de Marie-Antoinette** (ouvrage couronné par l'Académie française, prix Marcellin Guérin). 2ᵉ édition, 2 vol. in-12, accompagnés d'un portrait inédit en taille douce................ **8** »

REICHARDT (J.-F.). **Un Prussien en France en 1792.** Strasbourg-Lyon-Paris. Lettres intimes de J.-F. Reichardt, traduites et annotées par A. Laquiante. 1 vol. in 8°... **7 50**

BIRÉ (Edmond). **Paris pendant la Terreur.** 1 vol. in-16..... **3 50**

— **Victor Hugo après 1830.** 2 vol. in-16 .... **7** »

DALL (Guillaume). **La mère Angélique,** abbesse de Port-Royal, d'après sa correspondance. 1 vol. in-12................ ...... **3 50**

LE ROY (Albert). Le gallicanisme au XVIIIᵉ siècle, **La France et Rome,** de 1700 à 1715. Histoire diplomatique de la bulle *Unigenitus* jusqu'à la mort de Louis XIV, d'après des documents inédits (Dépôt des Affaires étrangères, archives d'Amersfoort, etc.). 1 vol. in-8°. **8** »

LENOTRE (G.). **La guillotine** et les exécuteurs des arrêts criminels pendant la Révolution. 1 beau vol. in-8°, accompagné de deux planches hors texte................ . **7 50**

ARMAILLÉ (Comtesse d'). **Madame Élisabeth,** sœur de Louis XVI. 1 vol. in-12. .... **3 50**

— **Marie-Thérèse et Marie-Antoinette.** 3ᵉ édit. 1 v. in-12. **3 50**

— **La Comtesse d'Egmont,** fille du maréchal de Richelieu (1740-1773), d'après ses lettres inédites à Gustave III. 1 vol. in-12...... **3 50**

BABEAU (Albert). **Le village sous l'ancien régime,** 4ᵉ édition, revue et augmentée. 1 vol. in-12................. **3 50**

— **La ville sous l'ancien régime,** 2ᵉ édition, 2 vol. in-12...... **8** »

— **La vie rurale dans l'ancienne France.** 2ᵉ édition revue et augmentée. 1 vol. in-12... .... **4** »

CLÉMENT (Pierre). **Histoire de Colbert** et de son administration précédée d'une préface par A. Geffroy de l'Institut. 3ᵉ édition. 2 forts vol. in-12..... .... **8** »

— **Jacques Cœur et Charles VII.** L'administration, les finances, l'industrie, le commerce, les lettres et les arts au XVᵉ siècle. Étude historique précédée d'une notice sur la valeur des anciennes monnaies françaises (ouvrage couronné par l'Académie française). Nouvelle édition. 1 vol. in-12.............. .... **4**

MIGNET. Histoire de la Révolution française depuis 1789 jusqu'en 1814. 17ᵉ édition. 2 vol. in-12........ .... **7** »

— **Charles-Quint,** son abdication, son séjour et sa mort au monastère de Yuste. 12ᵉ édition. 1 vol. in-12. **3 50**

— **Histoire de Marie Stuart.** 6ᵉ édition. 2 vol. in-12...... **7** »

MEAUX (Vicomte de). **La Réforme et la politique française en Europe** jusqu'à la paix de Westphalie (ouvrage couronné par l'Académie française, prix Thérouanne). 2 vol. in-8°......... .... **15**

KERVYN DE LETTENHOVE. (Le Baron). **Marie-Stuart.** L'œuvre puritaine, le procès, le supplice (1585-1587). 2 vol. in-8°... **15** »

SÉAILLES (Gabriel). **Léonard de Vinci.** L'artiste et le savant (1452-1519). Essai de biographie psychologique (ouvrage couronné par l'Académie française, prix Marcellin Guérin). 1 vol. in-8°, orné d'un portrait en héliogravure..... **7 50**

Paris. — Imp. E. Capiomont et Cⁱᵉ, rue des Poitevins, 6.

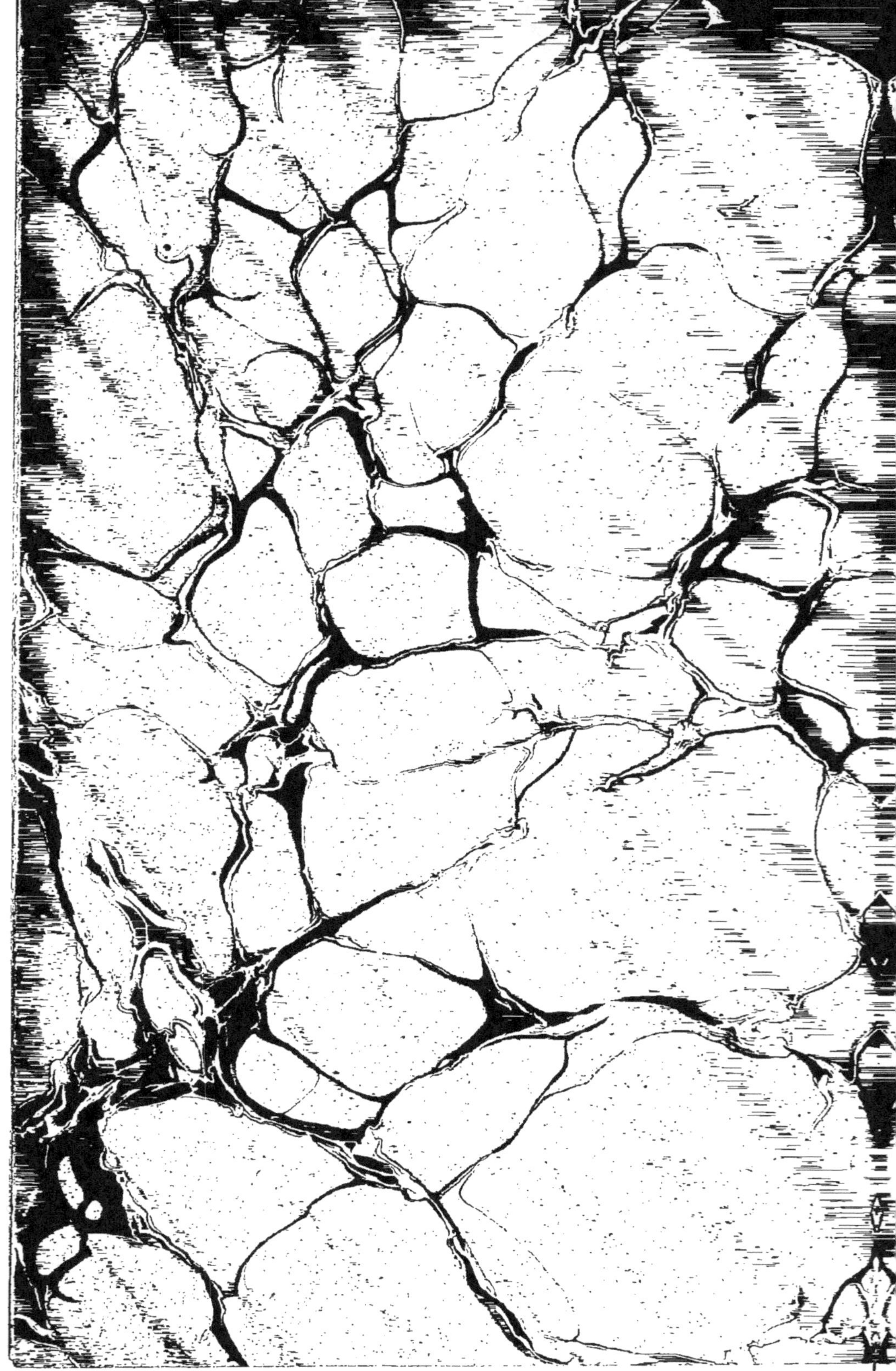

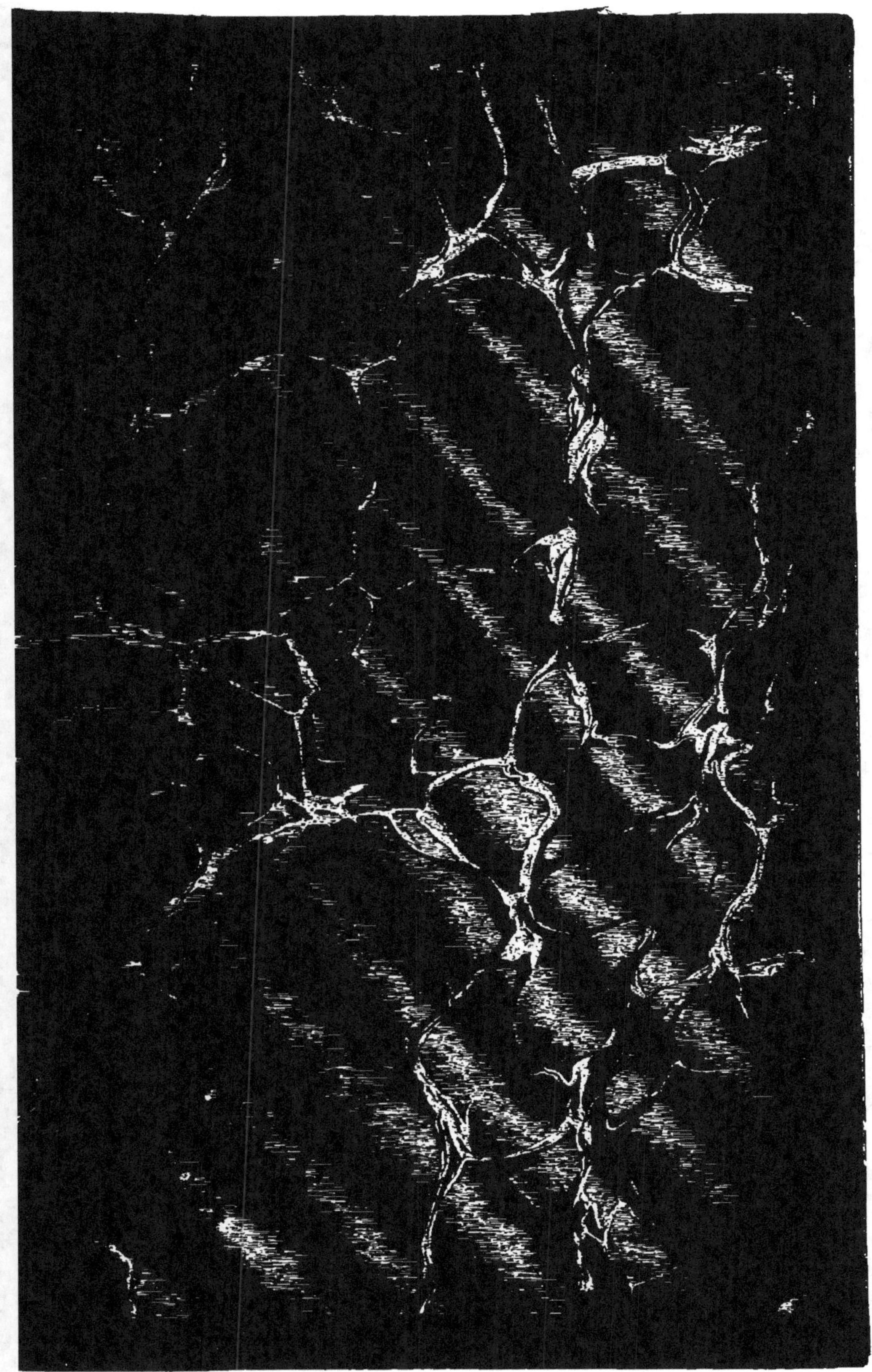

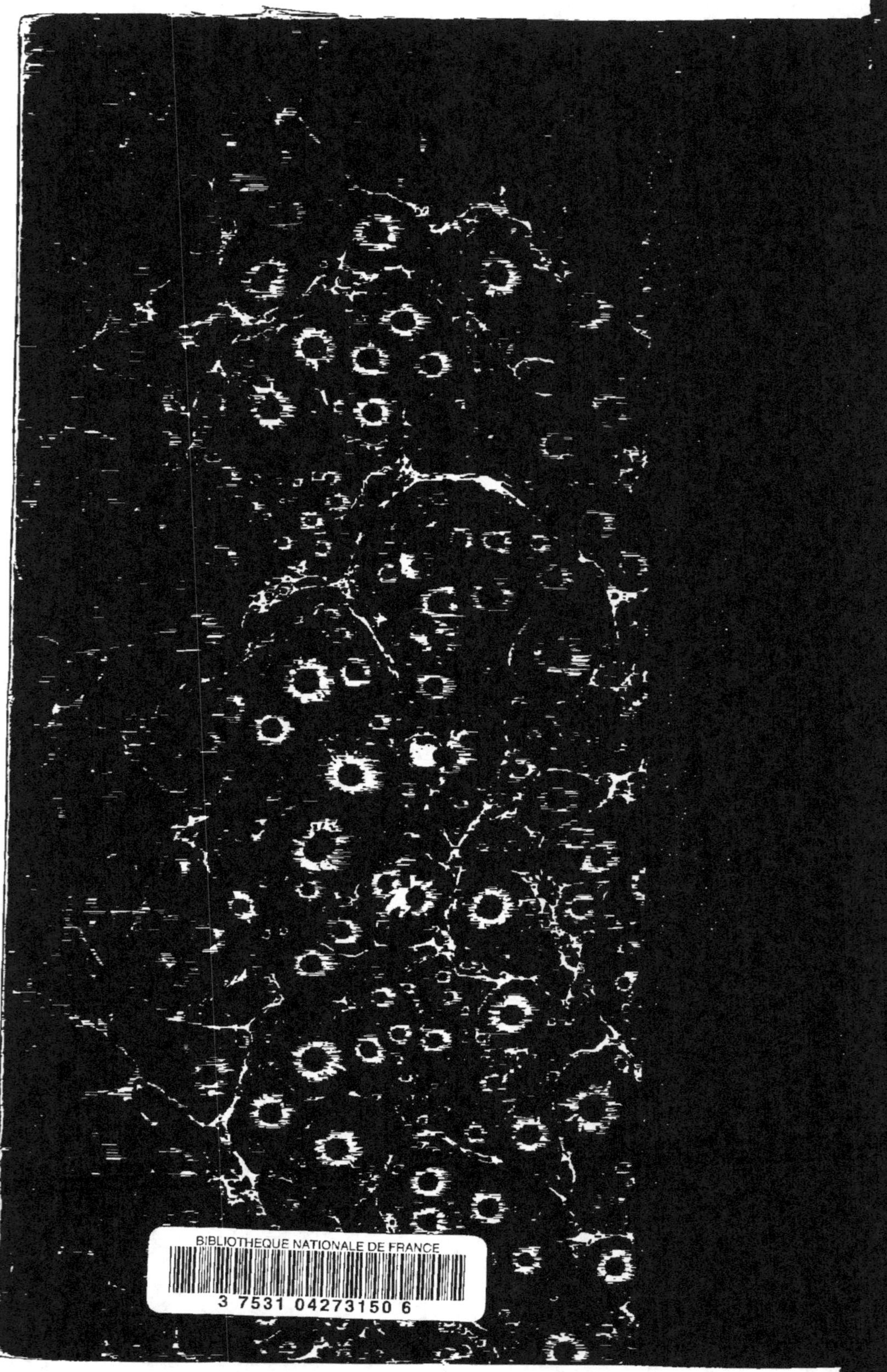
BIBLIOTHEQUE NATIONALE DE FRANCE